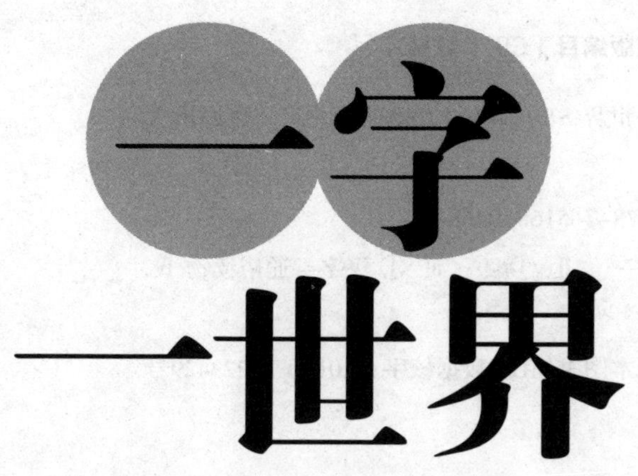

华语文化阅读文库

颜煦之◎编著

S·T

台海出版社

图书在版编目（CIP）数据

一字一世界.ST / 颜煦之编著. --北京：台海出版社, 2014.9

ISBN 978-7-5168-0468-1

Ⅰ. ① 一… Ⅱ. ①颜… Ⅲ. ① 汉字—通俗读物 Ⅳ. ① H12-49

中国版本图书馆CIP数据核字（2014）第223429号

一字一世界.ST

编　著：颜煦之

责任编辑：阴　鹏

装帧设计：视界创意　　　　版式设计：刘　娜

责任校对：张光明　　　　　责任印制：蔡　旭

出版发行：台海出版社

地　址：北京市朝阳区劲松南路1号，邮政编码：100021

电　话：010-64041652（发行，邮购）

传　真：010-84045799（总编室）

网　址：www.taimeng.org.cn/thcbs/default.htm

E-mail：thcbs@126.com

经　销：全国各地新华书店

印　刷：北京一鑫印务有限责任公司

本书如有破损、缺页、装订错误，请与本社联系调换

开　本：797×1092　　1/16

字　数：183千字　　　　　印　张：13

版　次：2015年1月第1版　　印　次：2020年3月第4次印刷

书　号：ISBN 978-7-5168-0468-1

定价：25.00 元

序

曹文轩

为他人写序无数，还从来没有一次像写这个序那样踌躇，那样焦虑，那样迟迟不能下笔，一再延宕。本是一件“轻而易举”的事总是不能完成，几乎日日纠结在心。自己都觉得奇怪。今天，终于坐到了桌前。因为，实在不能再拖延了——那边在急切地等着发稿呢。

造成如此状况，大概是因为我和煦之先生的友情实在太深、太浓、太厚了——总想写一个对得起朋友的序，正是这番对友情的特别在意，使得自己反而一拖再拖难以落笔了。

其实，这个序写得好坏是无所谓的，甚至可以没有这个序，因为，他做的事，白纸黑字都明明白白地摆在眼前，其价值和意义是不用人再絮叨的。写个序，只是戴个“帽子”，不至于看上去太“秃”罢了，将区区一个小序看得那样“严重”，实在没有必要。

两年前在南京与煦之先生相会，他送了我一套他著的趣谈汉字的书，厚厚四册，当时十分吃惊。回到酒店，埋在沙发中翻看，见他做的竟然还是含了学术——甚至是很学术的事情，更是吃惊。后来，我遇见谁都会提起这套书，一说书的妙、书的趣；二说煦之先生做事总不按常规，动不动就干出出人意料的事情来。不久，与好友方国荣先生谈出版之事，听他兴致勃勃地说要做一套关于汉字与人生方面的书，便立即将煦之先生的著作介绍给他。他也吃惊不小，很快就和煦之先生联系上了，没想到煦之先生竟神奇地又成就了一套方国荣先生心中所希求的新书。

此套书共十一册，还是关于汉字的。

细想想煦之先生做成此事，其实也无吃惊之处。他这个人，既是性情中人，又是一个执著专心的人。一旦决定做一件事了，天底下也就只有这样一件事了。雷打不动，五头大牛未必能将他拽回。若是做事在夏季，你都能想见他干活时的样子：将门关住，短裤背心，甚至赤膊上阵，宽阔的脑门子上汗津津的，短而厚的手捉住笔就不肯放下，困顿时冲冲凉水澡，拍拍胸脯，拍拍脑门，提提神，接着再干。你以为他做的事，总出乎情理，而事实上，他做事就像他的体型一般稳重，方而正。这也是他的品格。

这一回，他的事做得有点大。

汉字文化，是个大题目，是一个意义非凡的大题目。九年制义务教育新课程标准已经出台，与此前课标相比，其中一条被特别强调：要使学生懂得，汉字不只是一种纯粹的书写符号，而蕴含深厚的文化。煦之先生的研究事先当然与新课标毫无关系，只是他的思考与新课标的新维度暗合了。这也许是真知灼见者的不谋而合——所谓英雄所见略同。这套书，无意中可成为日后学生和语文老师学习、讲解语文的难得的参考书籍。

汉字是中国人极端聪明、才智非凡的结晶。有人在拿它与种种拼音文字进行比较时，故作深刻地说拼音文字是高度抽象能力的结果，那意思是说人家的东西要比我们技高一筹。此等说法，不免肤浅。他们将象形文字的汉字，看成了依样画葫芦式的幼稚了，殊不知它的抽象能力其实是无与伦比的。这一个个神秘的方块字，无所不能，说事说理，皆妙不可言。我们可用它最完美地叙述这个世界，也可用它阐述这个世界上最精辟的原理和哲思。它的高度活性，字与字之间的微妙差异以及组词之后的无限能力，是任何一个熟悉掌握它的人都会感到惊讶的。它是“魔方”。具象与抽象的完美统一，已抵达天造地设般的境界，使人觉得它本是造物主所使用的文字，是天然的。

更妙的是，一个个字，并不只是说事说理的符号，它们自身就是有意味的，甚至是有无穷意味的，是一个个都可以加以解读和欣赏的。从它们出生的那一刻开始，它们就负载了若干意味，而到了今天，它们在不断变形的过程中，还暗含了历史——历史的变迁。每一个字，都有它的历史。“一字一世界”，还不抽象吗？抽象程度还要多高？

可它确实又是形象的，因此，它与别种文字相比，又有了一个特殊的功能：审美。

它直接产生了一门艺术：书法。

从古至今，那些书法大家，用他们各种风格的书写，为我们提供了一个丰富的艺术世界。这个世界陶冶了中国人的性情，提升了中国人的生命境界。

煦之先生对汉字的认识价值和审美价值的理解与分析，就在这十一册书中。

写到此处，我忽然想起两件事来。一件是，好几年前，有个思维独特的年轻人四处奔走，并到处散发传单，说他经过长时间的研究发现，以英语为代表的拼音文字，其实也是一种象形文字。可是没有一个专家理会他。现在，这个年轻人不知到哪里去了？不知是否还在坚持他的“异端邪说”、继续他的“荒唐”研究？另一件是，一个大型的制作和推广英语电子词典的老板，向我展示了他的研究成果——他的研究成果与那个年轻人的结论一致，只是更加学理化：英语，也是一种象形文字。他当场向我解读了一个个英语单词，告诉我它们都是“象形的”。这个老板是学英语出身的。我当然不敢苟同他们的看法。但这两件事，倒使我看到了一个认识上的变化：作为象形文字的汉字，倒成了人家比附的文字了。

进入汉字魔方吧，其乐无穷。

2014年11月1日于北京大学蓝旗营小区

曹文轩，当代著名作家，精擅儿童文学，任北京作家协会副主席，北京大学教授、现当代文学博士生导师，儿童文学委员会委员，中国作家协会鲁迅文学院客座教授，是中国少年写作的积极倡导者、推动者。主要文学作品有：《山羊不吃天堂草》、《草房子》、《天瓢》、《红瓦》、《根鸟》、《细米》、《青铜葵花》、《大王书》等。

自序

当你拿起这本书，翻到这一面，我们就算有了一面之交。我很想拉着你的手，跟你聊两句。不多，就这么几句。我这人一生与书有缘：读书、教书、编书、写书、出书、卖书、藏书……虽然如此，而今我却还是常读错字、写错字、用错字，还有很多不认识的字。究其原因，跟自己非才寡学、天资愚钝有关，另外，恐怕跟汉字既多又难认难记有关。

汉字有八万多个，常用的虽然只有三千来个，但要记住却非易事。据说，外国人把最难办的事说成“这比学汉字还难”。正因为此，近几十年来，国家成立专门机构，搞汉语拼音和汉字简化。

如今，全球有数千万“老外”学习汉语，加上母语为中文的华人，使用汉字的人多达十四亿人。怎样让这么多人轻松愉快地学习汉字，是件十分有意义的事。我愿为此稍尽绵薄之力，所以编写了这本书。

汉字，是世界文化的明珠，是中华民族的骄傲。汉字，是先民们历经数千年，把对自然和社会的认识，巧妙地移植到一笔一画上而形成的。汉字，源远流长，魅力无穷，超群绝伦，炎黄子孙应该发扬继承。

汉字，不仅仅是符号。对汉字，光凭眼睛看是不够的，音、形、义三位一体，那得细细品味，慢慢咀嚼，才能品出味儿来。有些字，是一幅生动的图画；有些字，是一个有趣的故事；有些字，是一段复杂的历史；有些字，说的是生活常理；有些字，谈的是科学道理；有些字，讲的是深刻的哲理。每一个字，都值得我们欣赏、品味和探讨。若三五同好，聚在一起，谈古说今，咬文嚼字，得其三昧，那真是其乐无穷。

前人和当今有识之士，对汉字做了大量深入的研究，著述浩如烟海，硕果累累。作为门外汉，我不揣冒昧，也挤将进来，凑个热闹。

我将九百多个常用字，以科学分析和有趣故事相结合的方式，编写成这本书。我所讲解的每一个字，分为前后两部分。前半部分，我将这个字的形成、演变过程以及字形、字义、读音作简要介绍。凡此，仁者、智者，各有见解。我博采众长，或综合为一，或分别罗列，任君选择。后半部分，我以小故事等形式，更形象、更生动地来解释这个字的形、音、义。我不仅讲这个字的用法，而且讲这个字的结构特征，讲这个字笔划的用意，讲这个字和相似字之间的区别。我讲了九百多个汉字故事及趣闻，与这些故事相关联的汉字有六千多个，几乎包括了所有的常用字和次常用字。这便是字中有字，这才是真正的汉字故事。

顺便说一句，这里的故事，有些是我的创作；有些是据资料编写；有些是来自民间的汉字俗解。其中有些内容，“俗文学”也罢，荒诞也罢，读者朋友，切莫当真。你尽可把先贤们的论著当作学术理论，把我这儿写的，权且当作插科打诨。因为我的目的很简单，我只是想通过这些小故事、小笑话，以及诗词、对联、谜语、民歌、童谣，加上奇闻轶事、文坛掌故……以此搭座桥、凑个趣，使朋友们认识这些字，辨别这些字，掌握这些字，记住这些字。

我愿把这本书，献给对汉字情有独钟的朋友。让大家在茶余饭后，有个谈笑的话题。这种话题，雅俗共赏。

我愿把这本书，献给学汉字的外国朋友。让他们更多地了解汉字的丰富多彩。愿他们在轻松愉悦中，掌握汉字。

我愿把这本书，献给青少年朋友们。让他们在课外阅读时，带着笑脸，品味每一个字的结构和内涵。

我愿把这本书，献给我的教师同行们，为他们在备课时提供点资料，使他们在讲课时增加点情趣，让他们在课堂上引发出阵阵欢笑声，使孩子们在寓教于乐中理解汉字的博大精深。

读者朋友如能赏脸，购得此书，那我们便可心灵沟通，成为志同道合的文友。君不闻，前世修得八百次回眸，今生方得一次擦肩而过。你我有缘，你才翻阅此书。以书会友，这是我三生有幸。

汉字故事，是讲不完说不尽的，我仍在收集整理之中，但愿日后能奉上续集。

感谢你阅读此文！

感谢你阅读这本书！！

颜煦之

2014年9月于南京

目录

S

T

一字一世界

S
一字一世界
漢字魔方

耳聪口辩的“圣”人

shèng

甲骨文

金文

小篆

隶书

楷书

金文的“圣”字，由“耳”、“口”、“人”三字组成。左边像人的字形，上有一只大耳朵，右边是“口”，表示耳朵大，听觉灵敏，并且能言善辩。这种人无所不知、无所不通，本义指最有智慧、最有道德的人。

小篆的“圣”字与楷体相似,这是个上下结构的形声兼会意字。以“耳”作形符,表示这个字与耳朵有关。“呈”为读音,兼表意。其本义也是指最有智慧、最有道德的人。

小篆中还有另一个“圣”字,上面是个“又”字,表示“手”。下面从“土”，表示用手从事农业劳动。本义指从事农田劳作，也有人说指挖土。这是个会意字，后来变成了“圣”字的简体字。

“圣”指聪明非凡的人,常见的用法有:圣人、圣贤、圣手、诗圣。

因为“圣”有非凡的意思,也就有最崇高的意思,如:革命圣地、神圣使命。

圣人的地位崇高，受到人们的崇拜，逐渐被神化，后来成了封建社会对帝王的尊称，如：圣上、圣旨。

“圣”，也是宗教信徒对所崇拜事物的尊称，如：圣像、圣经、圣灵、圣母、圣子、圣庙、朝圣、圣诞节。

唐·柳公权《淳化阁帖》

唐·怀素《自叙帖》

老华侨戏说简体字

繁体字简化，为人们学习、使用汉字带来不少方便，受到大多数人的欢迎。但在台湾省和海外一些华人地区，没有使用简体字，有些人回到内地，在阅读和书写简体汉字时就很不习惯。

东南亚有位老华侨，姓赵，名游圣，回国定居上海。在一次座谈会上，赵游圣做了次即席发言，谈了他对简体字的困惑，引起广大与会者的兴趣。

赵老爷子心直口快，他指指自己座位前牌子上的“赵游圣”三个字说：“我一看到我的名字，心里就不舒服。你瞧，贱姓赵，这‘赵’字，‘走’字上一个‘×’，造字的人好像想不出什么构件了，就气狠狠地打了×了事。姓赵的被打了个×，心里多不自在啊。再说这‘游’字，本是走之旁，用脚‘遊山玩水’，现在用三点水的游，变成‘游山玩水’。这山怎么能在水中游呢？最可气的是这‘圣’字。繁体字‘圣’字，是‘耳’、‘口’、‘王’三字相结合，本指最有智慧的‘圣人’，这种人耳听四方，口传王道，如今却变成了又矮又土的半个身子的丑八怪，这还有什么神圣可言？老夫一生酷爱旅游，故改名‘赵游圣’。现在赵上打×，游到水里，圣字又变成了丑八怪，叫我如何出游？让我再啰嗦两句吧，我把国外资产全部转回国内，一心办工厂，厂里产品多得堆成山，可厂门口那‘厂’字，里面却空空如也。更气人的是‘听’字，为什么是用口来听呢？诸位是用口在听的吗？诸位的耳朵哪儿去了？”

一席话，说得大家哈哈大笑了起来。大家认为，汉字简化是必要的、有利的。赵老先生对这几个简体字的不足，提出了善意的批评，有些说法也不无道理。但能否如他所愿，改成自己满意的字形，那可就不是一两个人的事了。其实，有好多人关心这件事。有人提出“识繁书简”，就是要认识繁体字，书写简体字。这不失为一个好建议。

有东西从手中丢"失"

shī

金文和小篆的"失"字，是个内外结构的形声字。外面是个"失"字少最后一捺，这是"手"的变形字，表示有东西从手中丢失。里面是个一捺，这是"乙"字的变形，是这个字的读音。

古人之所以用"乙"作声符，是因为"乙"像鸟形，在这儿，表示鸟儿从手中飞走了，也就是丢失了，故以"乙"作声符并会意。

"失"的本义指没有握住，如：失手。

没有握住，失手了，表示丢掉了，也就是失掉、失去、遗失、丢失、丧失。

没有握住，往往指没有握住实物。如若是抽象的东西，如时机、机会，也可用"失"，这就有没有把握住的意思，如：失言、失足、失去机会、失神、失声、失时、失势、失笑、失迎等。

"失"，有找不到的意思，如：失踪、失落、消失、迷失方向。

没有达到，也用"失"，如：失望、失意、失败、失恋。

违背、背弃也用"失"，如：失约、失信、失礼、失实。

发生意外为"失事"。错误为过失、失误、失策、失算。

甲骨文

金文

小篆

失

隶书

失

楷书

东晋·王羲之《澄清堂帖》

唐·颜真卿《裴将军诗》

牛长两条尾巴

唐朝末年，洛阳有个叫杜元的人，养了一头颇通人性的牛，非常招人喜欢。

一天夜里，杜元做了一个梦，梦见他所喜爱的那头牛，竟长出了两条尾巴。这是什么意思呢？杜元醒后很是迷惑，于是就跑去找术士，想要解一解这奇怪的梦。术士微微一笑，说："意思很简单，'牛'字有两个尾巴，正是一个'失'字。你恐怕会痛失这头牛了。"

虽然杜元不相信，可几天后，他那头心爱的牛还真的就不见了。

人群众多有头领——“师”

shī

甲骨文

金文

小篆

隶书

楷书

“师”字的繁体字为“師”,这是一个会意字。金文和小篆的“师”字是由“帀”(zā)和“𠂤”组成的。“𠂤”是小土山,“帀”是包围的意思。四下里都是小土山,表示众多,所以“师”的本义是古代军队编制的一级,两千五百人为一师。

也有人认为,“师”字既表示众多,那么众多的人中会产生首领,所以“师”就有首长、师长的意思。

“师”在古代还表示乐师,如“师工”,即乐师;“师襄”是春秋卫国的乐官。

现代汉语中,“师”为隶属于军的单位,下辖若干旅或团。所以“师”又泛指军队,如:水师、挥师、师旅。

老师也是“师”的一个基本意义,如“三人行,必有吾师”,又如:师儒、师生关系、师德、师生。“师”也表示对僧、尼、道士的尊称,如:师太、师丈、师姑堂。

“前事不忘,后事之师”中的“师”字,意思是指学习的榜样。

“师”还是个姓氏。

唐·颜真卿《建中告身帖》

宋·米芾《三希堂法帖》

一横抵千军

1967 年秋天，国画大师张大千应邀到台北举办个人画展。当地报纸在发布消息时，误把“师”印成了“帅”。原来的标题应该是“张大师回台北观光”，而报纸出版时却印成了“张大帅回台北观光”。

画展期间，张大千抽空去拜访张学良将军。两人一见面，张学良便风趣地说：“大师，你什么时候改行统率三军了？”

生性开朗的张大千哈哈大笑：“这还不是你们台湾记者的功劳，少了一笔，我便多了一个头衔。”

张学良感叹道：“‘师’字比‘帅’字多一横，真是一横抵‘千军’呀！”

言志有韵律的"诗"词

shī

甲骨文

金文

小篆

隶书

楷书

古代的"诗"字，是个左右结构的形声字兼会意字。左边的"言"字旁是形符，表示跟语言文字有关，右边的"寺"字是声符，读 sì。这两个字形组合在一起，指"言志抒情且有韵律的文体"。

有种说法叫"在心为志，发言为诗"，所以"诗"字用言字旁为形符。

古人为什么用"寺"字作"诗"字的声符呢？

"寺"字，是古代官员办公的地方，称"府庭"，是官员向百姓，百姓向官员上传下达的地方。这儿发生和处理的事情最多，所以"诗"字用"寺"字作声符并会意。

隶变后的楷书写作"詩"，后简化为"诗"。

"诗"字的本义指"一种言志、有韵律、可歌咏或朗诵的文体"，如：各种体裁的诗的统称为"诗歌"；诗与词的全称为"诗词"；我国古代第一部诗歌总集名《诗经》；以诗见长的人称"诗人"；诗歌界称"诗坛"；记叙重大历史事件或英雄传说的长诗称"史诗"；男女间表示爱情的诗称"情诗"；不合格式开玩笑的诗称"歪诗"；作诗的兴致称"诗兴"。诗抄、诗风、诗集、诗律、诗篇、诗书、诗意、诗圣、诗韵、诗章、唱诗、古诗、旧诗、打油诗等都是指诗歌。

"诗"字也作姓氏用。

古代办事机构及官职，各个朝代有不同的设置、有不同的名称。

明朝和清朝大致相同。这两个朝代，有六个职能部门："吏部"主管全国文职官员的挑选、考查、升降、调动等事务，相当于现在的人事部门或组织部门。"户部"主管国家户籍、田亩、货币、税收等事，相当于现时的农业部、财政部。"兵部"主管全国武官、武器及练兵等事，相当于现在的国防部。"刑部"主管国家司法、行政，相当于现在的司法部。"工部"主管兴修水利、重大建设工程，相当于现在的水利部、建设部之类。"礼部"主管朝廷大典及科举考试、接待外国来宾，相当于现在的教育部、外交部礼宾司之类。各部的最高长官称"尚书"，相当于现在的正部长。副部长级的称"侍郎"。

却说明朝万历年间，有位礼部尚书和兵部一位侍郎，相约到扬州大明寺游玩。尚书见殿堂雄伟，气派不凡，一时诗兴大发，当家大和尚就令小和尚取来笔墨，尚书就在墙上题了首诗。待众人走后，小和尚在旁边和了尚书一首诗。岂料，诗刚写好，尚书和侍郎他们转了一圈，又返回走到这儿。尚书读了小和尚的和诗，觉得诗意与品味都不一般，便问小和尚："和诗是你写的？"

小和尚胆怯地说："写得不好，得罪大人了。"

尚书笑而不答，从小和尚手中拿过笔砚，在粉墙上写句上联：

和尚和尚书诗，因诗言寺。

这上联的意思是：和尚和了尚书的诗，从诗里说到这座寺庙。短短十个字，写了和尚和诗这件事，而且构思巧妙。"和"与"尚"两字，连用两次，可词义大不相同。第一个"和尚"是名词，指僧人"和尚"，第二个"和"字是动词，是"唱和"之"和"。第二个"尚"又跟"书"组成另一个名词，指官职"尚书"。后半句是拆字联，把"诗"拆成"言"和"寺"，十分巧妙。

小和尚读罢，沉思良久，见站立一旁的兵部侍郎威风凛凛，佳句油然而生，提笔就写：

上将上将军位，以位立人。

这下联的意思是：上将走上将军宝座，靠这个位置，树立个人威望，统领三军。这与上联对仗工整，结构相同，可说是一气呵成。

小和尚的才华，受到尚书的称赞，就连站立一旁的主持大和尚也喜得合不拢嘴。

山崖上的“石”头

shí

甲骨文

金文

小篆

隶书

楷书

甲骨文的“石”字是个象形字,其字形像山上的石头。在小篆中,“石”字是个会意字,它由表示山崖的“厂”(读 hǎn)和表示石头形状的“口”(读作 wéi)两部分组成,合起来表示山上的石头。“石”字的本义就是指山石。

也有人认为,甲骨文的“石”字,左上部分像山崖,右下部分像掉落的石块。金文的字形由甲骨文演变而来,小篆的字形又由金文演变而来,楷体则由小篆直接变来。

“石”字是多音字,读作 shí,本义指石头,如:岩石、矿石、石器、石板、石壁、石佛、石匠、石桥、石像、石柱、基石、磁石、化石、盘石、顽石、玉石、石沉大海。

“石”字由本义引申指石刻,如:石碑、石雕、石鼓文。

“石”字读作 dàn 时,同“担”,假借指容量单位。十斗为一石,如:千石、万石。

“石”字也作姓氏用。

汉《石门颂》

宋·苏轼

宋·米芾《群玉堂米帖》

道姑拆『石』字

南宋初年，有位四川人名叫谢石，以算卦拆字而出名。因为名气大了，常常自命不凡，认为普天下没人及得上他。

这一年春末，谢石到江苏丹阳游玩。这日下午，他在街头闲逛，看到一位年长的道姑，手拿一把很大的扇子，一路走一路摇摆着扇子，很是引人注目。谢石细看,那扇子上写着“拆字如神”四个字。谢石看了，心中暗笑:在拆字这一行当中，难道还有比我强的？这老道姑口出狂言，难道果真有本领?

谢石喊住道姑，将她请进一家茶馆，敬上一杯茶，自称是谢石，就请她拆个“石”字。

道姑看了他一眼，顺口说道：“客官名石，为名不成，得召而退，逢皮则破，遇卒则碎，好自为之。”说罢，告辞而去。

谢石听了，呆坐了好一会儿，怏怏不乐。道姑这番话，深深刺痛了他。这些话都不是吉利话。不是吗？“石”字，是为“名”不成啊，它有“名”字一大半的样儿，但毕竟不成“名”字。“石”字虽像“召”字,但也不是“召”。“石”字与“皮”字相合为“破”,“石”字与“卒”字相合为“碎”。这些都非吉言。看来，日后他将是凶多吉少啊。

谢石打听到这道姑是从句容茅山道观来的。第二天，他特地赶到茅山，但问遍山上大小道观，却没一个人认识她。这时谢石才感觉到，这道姑是个奇人。单是她拆“石”字时的一番表白，他就自叹不如。他不由感慨：山外有山，天外有天，本领比自己强的人数不胜数啊!

从此，谢石对人谦虚多了。

[瓦当欣赏]

战国画像瓦当

春夏秋冬四“时”节

shí

小篆

時

隶书

时

楷书

古代的“时”字写作“時”,是个左右结构的形声字兼会意字。左边的“日”字是形符,表示跟日月有关,右边的“寺”字是声符,读 sì。这两个字形组合在一起,指“春、夏、秋、冬”四个时节。四个时节周而复始,是一天一天过去的,是积日而成的,所以“时”字用“日”字作形符。

古人为什么用“寺”字做“時”字的声符呢?因为“寺”字是古代官员办公的府庭,是尽人皆知的地方,含有明显易见之意。而四时变化,也是人所共知的,所以“時”字以“寺”字作声符并会意。

隶变后的楷书写作“時”,现简化为“时”。

“时”字的本义指“季节”,如,节令、季节也称“时节”或“时令”;四季也称“四时”;农事较多的时节称“农时”。

“时”字由本义引申指“时间”,如:时长、时光、时差、时候、时机、时区、时日、时速、限时、报时、课时、准时等,都与“时间”有关。

“时”字由“时间”,引申指“较长的一段时间”,如:时代、时期、旧时、战时等。

“时”字又引申指“规定的时间”,如:准时、按时,还引申指“经常的”,如:时常、时时、时不时、时有出现等,由此又引申指“现在的”,如:时事、时局、时髦、时尚、时价、时势、时务、时兴、时鲜、时宜、时段、背时、顿时等。

“时”字也作姓氏用。

清朝道光年间，无锡梅村有位秀才，名叫陆修成。不知是运气不佳，还是学问有限，他多次参加科考，都是落榜。后来年岁大了，又要养家糊口，便打消了参考的念头，到一所私塾教书去了。这所私塾办在村外竹林里，四周高筑围墙，环境十分幽静，适于孩子安心读书。陆修成以私塾为家，兼看管私塾，轻易不让人进来打扰。

梅村还有位秀才，名叫王鹏，青春年少，颇有才气。他虽未中举，但家境殷实，又有老师指点，来年赶考，还有希望。王鹏有点看不起陆秀才，但陆秀才会下象棋，闲来无事，只有陆秀才是对手，所以吃罢晚饭，总是来找陆秀才下棋。这天他来晚了，私塾大门紧闭，王鹏高呼几声，仍不见陆秀才出来开门，他便使了个激将法，想了个上联，大声叫道:“陆秀才，我出个上联，对不出，请开门，对得出，我认输。”

说罢，大声念道：

门内有才何闭户？

门内的陆秀才听了，心想：门内有才是个“闭”字，这分明是笑我无才，又闭门拒客，今日我要教训他一下。他想了一想，应道：

寺边无日不逢时。

陆秀才以“寺”与“日”拼成“時”字，言外之意是日已下山，你来的不是时候。他以这个下联，显示自己并非等闲之辈，要王鹏不要小看自己。

家中充满钱粮——“实”

shí

金文的“實”字是个上下结构的会意字。上面是宝盖头，表示房子，指家中。当中是个“田”字，表示有粮食。下面是个“貝”字，表示钱财。三个字形组合在一起，表示屋子里充满粮食和钱财。

小篆的字形略有变动，上面仍是宝盖头，下面是个“贯”字。“贯”指“一串串的钱”。有出古戏叫《十五贯》，就是指十五贯钱。贯，指用绳索穿着的一定数量的钱，钱一千为一贯。万贯家财就是大富豪了。这儿强调家里充满了钱。隶变后，楷体写作“實”，后简化为“实”。据说这个简化字，是繁体字草体的楷化形式。这个“实”字，只是个符号，已失去原有的内涵了。

甲骨文

金文

小篆

隶书

楷书

“实”字的本义指“充满、充实、结实”，如：心地诚实叫“实心眼儿”；确实足数称“实足”；丰富、充足称“充实”；结实、坚固、扎实称“瓷实”；粗大结实称“粗实”；粗短而结实称“敦实”；笃实、坚实、殷实、硬实、老实、朴实、壮实、肥实等，都是这个意思。

“实”字由本义引申指“真实、实际”，如真实的话叫“实话”。真实的证据叫“实据”，实际情况叫“实况”，实际的力量叫“实力”。实例、实权、实情、实干、实价、实战等都是相同的用法。

“实”字由本义引申指“种子、果子”，如：果实、结实、吐实、春华秋实。

“实”字也作姓氏用。

家有老母实为宝

南京夫子庙的测字名家胡铁嘴，在当地可谓德高望重。文德桥、大石坝街乃至乌衣巷一带，谁家闹纠纷，有什么事儿摆不平，都找胡大爷调解。但胡大爷有个规矩，以字说事，绝不空口说白话。

这天，城南马道街的马三儿来找胡大爷。他们弟兄仨讲好，轮流供养老母亲，每家三个月。他这轮已经到期，老大外出至今还没回来，老二又不肯接班，他心里急了，来找胡大爷测个字，看老大什么时候回来。

胡铁嘴听罢马三儿来意，指指布袋，要他拣个字。马三儿伸手一摸，拣出个“實”字。

胡铁嘴按惯例，写了个大大的“實”字，连连摇头说：“大姐苦命呀！苦命呀！你妈比我大两岁，我称她大姐。我是看着她把你们弟兄仨拉扯大的呀。你看，这‘實’字上面宝盖头，指的是你们家，下面的‘貫’字为金钱万贯。那时你父亲开店，家里有钱啊。你弟兄仨娇生惯养，你母亲把你们三个当成惯宝宝。自你父亲去世后，家道中落，但你母亲还是硬撑着，把你们三个抚养成人，帮你们成家立业，你们也都有儿有女了。可你母亲老了，不能动了，你们就把她当作废物，甩出门外，东掼西掼，连多养几天都来求签问卦，你好意思吗？”

一席话，说得马三儿脸红了。胡铁嘴见他低头不语，将手上的“實”字伸到他眼皮底下说：“我不是要骂你，我为你好。人在做，天在看，你这样对待你妈，你的儿女将来也这样对待你。你要给你儿女做个样子，把父母当个宝啊。”

马三儿睁大眼睛，听不明白他这话的意思。胡铁嘴指着“實”字说：“我测字几十年，还头一次把‘實’字拆得这么细，这么准。这‘實’字上为宝盖头，指你一家老小。当中可看作‘母’，下为宝贝之贝。三字合一指的是家有老母实为宝啊。家有老母，说明你仍为人子，你还年轻，有什么比年轻更宝贵呢？你对老母尽孝，给儿女做榜样，你后福不浅啊，这才是实实在在的好事。你今日拣到个‘實’字，这是个吉祥字。回去告诉你家老大老二，母亲应该抢着养，推三推四的没有好下场！”

语言使人认“识”事物

shí

甲骨文

金文

小篆

隶书

楷书

古代的“识”字写作“識”，这是个左右结构的形声字兼会意字。左边的言字旁是形符，表示跟人讲话或跟语言有关。右边的“戠”字是声符，读 zhì。这两个字形组合在一起，表示语言和刻下的记号能使人知道其中的涵义。

认识一样事物，需要用语言讲解、叙述，所以“识”字用“言”字旁作形符。

古人为什么用“戠”字作“識”字的声符呢？因为古代的“戠”字有标志、刻下的记号的意思，所以用“戠”字作“識”字的声符并会意。

甲骨文的“識”字写作“戠”。金文的字形由甲骨文演变而来；小篆的字形由金文演变而来，并使其整齐化；隶变后的楷体写作“識”，后简化为“识”。

简体字“识”是个左右结构的形声字，本义指“知道、了解”。如：认识字称“识字”；知趣，不惹人讨厌称“识趣”；会看别人的眼色行事称“识相”；互相了解称“相识”。

“识”字由“认得、了解”，引申指“知识、见识、识别能力”。如：辨别称“识别”；能识别货物的优劣称“识货”；见识也称“识见”；看穿、看破称“识破”。赏识、卓识、意识、胆识、有识之士等都是“知识、见识”的意思。

“识”字是个多音字。读 zhì 时，表示“记、记号”，如：古代钟、鼎等器物上所刻的文字或书信、书画上的落款称“款识（zhì）”。见闻和学识广博、记忆力强称“博闻强记”，也称“博闻强识（zhì）”。

无锡梁溪谜语研究会，常在西水关茶楼举办市民讲座。讲座的内容，由谜语扩展到汉字研究，市民们也由原先的休闲娱乐，上升到学知识、长见识了。

今天由会长马汉文主讲，题目是“见识见识古代的‘識’字”。按惯例，由小陶先抛几个字谜当开胃果。小陶承诺，凡猜中并说出理由的，奖马会长墨宝一幅。台下顿时摩拳擦掌，跃跃欲试。小陶出题：“片言只语，只进一言。”有人抢着说：“两个‘识’字。”小陶又抛出两个：“离职前进一言，只说不兑现。”话音刚落，有人抢答：“跟前两个一样，都是‘识’字。不过这两个难度大点儿，马老给我的字也要大点儿。”

马汉文举起早就写好的两幅“識”字，笑着说：“一样大小。”说罢，将两幅字挂在墙上，娓娓道来——

刚刚说的四个字谜，都是简体字“识”字。甲骨文的“識”字字形简单，是个象形字，像“戈”上挂着饰物。“戈”，就是兵器，一种长柄、横刃、把子上有饰物的大刀。后代大刀把子上常用环、铃、红布条当饰物，以此作为一种标志。后来金文上的饰物部分更像标记了，小篆将这些饰物变为“音”字，隶变后的楷书写作“戠”，读 zhì，本义指兵器上的饰物。这个装饰物引申指“标志、记号”。后来“戠”字作偏旁用，“标志”这个意思就另造了个“識”字承担，这个字读 shí。因为是标记、记号，大家都认识，所以就引申指“知道，认识”。知道得多，就是有知识。知识丰富了，识别能力强了，就有识别力，就识货了，就有独到的见识、高深的意识和胆识了。

“戠”字的作用可大了，旁边加“言”字为“知識”；加“巾”字就是“幟”，简写为“帜”；加上耳字旁为“職”字。有耳朵善听，表示听而记之，这个意思被“識”字取代，古人又造了个“樴”字，表示系牛羊的木桩。由木桩引申指“職位、職掌”。这个“職”字就代替了“樴”字，专门表示职务、职业、职称。那可怜的当木桩用的“樴”字就被废掉了，如今只有在字典里才能查到它。

古人为了分化字义，又把“識”字中标记、记号的意思用“誌”字表示，读 zhì，简化为志，即“标志”。

马会长讲到这儿，有位听众问道：“马先生，‘識’字中的‘戈’字是兵器，放这儿有没有不打不相识的意思？”

老马语塞，随后笑道：“戏说汉字，你说的也可作为一家之言！”

忠实记载历“史”

shǐ

甲骨文

金文

小篆

隶书

楷书

甲骨文和小篆的“史”字，字形基本相似，由“又”字和“中”字组成。这是个会意字。

“又”，在古文字中表示“手”；“中”，在甲骨文和小篆中是个指事字，方框中一竖，表示当中、正中间，用在“史”字中，表示在中间不偏不倚。

这“在中间且又不偏倚”指的是什么呢？

在古代，有两个重要的官职，这就是左史和右史。他们负责记录君王的行动和言论，这就是史官。好的史官记事记言，不隐瞒，不夸张，不偏离事实，这就是“中”。“史”，就是手中掌握不偏不倚的记录历史的笔。

“史”的本义是指掌握记载历史的人，如：史官、太史、内史。司马迁就是汉代著名的史官。

“史”字后来转义为历史，这就是自然或社会以往发展的进程，对过去的事实的记载，如：史实、史册、史迹、史料、史无前例、近代史、古代史。

“史”也是个姓。

晋·索靖《出师颂》

隋·智永《真草千字文》

明·文征明《西范诗》

对“史”字，有一则文字故事。

清朝乾隆年间，大学者纪晓岚官任侍郎时，一天与一位御史结伴到同僚家做客。

入席后，御史故意说：“我这个御史的‘史’字最有意思，上面加个‘一’，便是官吏的‘吏’字，所以这叫‘一出世便为官’呀！”说到这儿，他瞟了一眼纪晓岚说，“侍郎大人，不知你这个郎字能作何解，是不是狼狗的狼呀？”

纪晓岚哈哈一笑：“大人说得不错，我这只狼可是遇肉吃肉、遇屎（御史）吃屎，你这‘一出世便为官’的‘史’，更是合我的胃口呀！”

纪晓岚痛快淋漓地将这个狂妄的御史骂了个狗血喷头。

有箭头箭杆箭尾的“矢”

shǐ

甲骨文

金文

小篆

隶书

楷书

甲骨文、金文、小篆的“矢”字都是象形字，字形像一支箭的样子，而且是竖放着的。上端尖尖的是箭头，中间是箭杆，下端有羽毛状的箭尾。金文的字形由甲骨文演变而来，小篆的字体由金文演变而来，隶变后的楷体写作“矢”。

“矢”字的本义指箭。弓、弩（nǔ）是冷兵器时代的远射兵器。“矢”，是弓、弩的子弹。正因为此，“子弹”的“弹”字以弓为形符，“单”为声符。这种冷兵器，即使在有了激光武器和核武器的今日，人们还在使用，只不过力道更足罢了。

有专家认为，“矢”字读音通“时”，因箭离弦即逝。这便是“光阴似箭”。箭一旦射出便飞快消失，所以“矢”与“时”同音。

“矢”字读 shǐ 还有一说。远古时代，人们可用的只有石器，以石垒屋，以石作武器，以石作工具，以石捕野兽……后来发明了弓箭，以箭来取食，所以箭也叫“矢”，与“石”同音。

还有人考证，古人把“矢”叫作“箭”，因“箭”字由“竹”和“前”构成，箭杆是用竹做的，箭头便是竹尖，读 jian。射箭后，箭往前飞，暗示箭的头是尖的，是一种飞过来的矛，能击穿目标。

“矢”字的本义指“箭”，如：乱飞的石头或无端飞来的箭称为“流矢”；古时作战时用的箭和石头称“矢石”。

“矢”字由本义假借指“发誓”。发誓立志为“矢志”。一口咬定为“矢口”，如：矢口否认、矢口抵赖。

“矢”字又假借指人的粪便，同“屎”，如：遗矢。

南京夫子庙的测字先生胡铁嘴，因识草药，懂中医，所以求他测字的人，也有顺带着求医问药的。胡铁嘴知道，“庸医杀人不用刀”。他知道自己不是专业医生，所以他从不随便给人开药治病，只有非常亲近，也确实熟悉，且亲自见过的病人，他才指点一二，说些实话。

这天，家住水西门的远房表弟来找他，哭哭啼啼地说：“哥呀，你弟妹怕是不行啦，已经三天滴水不进了，你看咋办呀？”

胡铁嘴说：“咋办？先测个字看看。”说罢将布袋丢过去。表弟伸手拈出个“矢”字。他有些眼花，递给胡铁嘴说：“哥，是个‘失’字。”

胡铁嘴看了看说：“是‘矢’字，出了头才是‘失’字。”

表弟埋怨道：“怎么一开口就说‘失’字？不吉利啊。”

胡铁嘴连连摇头说：“大兄弟，你和弟妹都七老八十了，人生七十古来稀，到时候啦，该走啦，过一天是一天吧，就像你拈的这个‘矢’字，本是箭，射出去就不回头，这就叫‘矢头出，便是失’。你看这‘矢’字的头，上面是个‘人’字。这人倒下啦，爬不起来啦。下面是个‘大’字，折解成‘一人’，这一人就是你啊。这就叫一人倒下，一人留下。你就让她走吧，别再花冤枉钱啦，留下几文你一人保命吧。”

表弟苦巴巴地问：“一点办法也没有了？”

胡铁嘴指指“矢”字当头那一撇说：“没办法了，这是天意。你看‘矢’字开头这一撇，正巧在‘天’字头上，当头一巴掌，把你们二人打散了。”

表弟疑惑地问：“哪来的二人？”

胡铁嘴指指“矢”字中的“天”字说：“‘天’字拆开就是二人呀。按理说，‘矢’字头上那一撇，本是天针，可用来治病，但弟妹卧病多年，天针之形成了卧倒之人。况且，按测字人说法，‘矢’字头上那一撇，也可看作是天神之箭，老天爷要把她收回去啦。你和弟妹相伴一生，如今她先走一步，留下你一人就多活几年吧。”

表弟听了，老泪纵横、泣不成声，胡铁嘴也陪着他落泪。

手中拿笔写命令——“使”

shǐ

甲骨文 金文 小篆 隶书 楷书

甲骨文的“使”字同“史”,像一个人的手中拿着笔在写命令。凡是命令，总得有人去执行，这就是派遣，如:支使、差使、使唤。所以说这是个会意字。

小篆的“使”字是个左右结构的形声字。左边是人，表示这与人有关。右边是“吏”，表示读音。

如若我们研究一下“吏”字，就更明白“使”字的含义了。

“吏”与“史”字仅一笔之差。“史”是个会意字，手捧文书记事记言的意思。上面加一横成了“吏”，是古代官员的通称。这个“吏”字是个会意字，甲骨文的“吏”字，上部像一支笔、一块板的样子,下部是一只手,表示手拿笔在板上记事的意思。古时,只有官员才做这样的事，所以“吏”的本义指官员。

分析了“吏”字，“使”的本义更明显了。其本意就是指接受君命办事的官吏，后引申指派遣。“使”既然是派遣，就有让、叫和令的意味，如：虚心使人进步。还有促使、迫使的意思。

“使”也有摆弄的意思，如：使枪弄棒、使笔杆子。

“使”就是“用”，如：使用、这支笔好使。

“使”也指出外办事的人，如：使者、大使、使节、公使。

“使”还作连词用，如：假使、设使、倘使。

[瓦当欣赏]

秦汉瓦当

人做吏便使唤人

清朝时，保定有个读书人，名叫程林。他经十年寒窗，终于考取了功名，被朝廷委任为山东诸诚县令。可自从头上有了官衔，他就像变了一个人似的。过去温文尔雅的好脾气再也没有了，整天指手画脚、趾高气扬，还专爱使唤人。

一天，他准备宴请吏部尚书，就命手下文书写一张帖子送去。

过了一会，文书拿来帖子让他过目，他只看了一眼，就叫了起来："'吏部'的'吏'字旁边怎么会有个'人'字呢？这不成了'使'字了吗？"

这个文书一听，只好如实相告，结结巴巴地说："大人，这帖……帖子不是我写的，是老太太……写的。"

正在这时，程林的老母亲从屏风后缓缓走出，对儿子说："不错，帖子是我写的，我是故意把'人'字加在'吏'字边上的。因为我要让你知道，'人'一旦做了'吏'，就爱使唤人了，就作威作福，忘了过去了。你也不例外。"

程林一愣，等缓过神来已是泪流满面。他跪在地上，对母亲说："母亲大人，孩儿知错了，谢谢您提醒了我。"

祭品在石桌上展“示”

shì

甲骨文

金文

小篆

隶书

示

楷书

甲骨文的“示”字，上面两横一短一长，下面一竖，这是个象形字。像什么？据考证，这是古代人们在祭祀天地时用的石头桌子，又称“灵石”。这石桌很平，上面放着祭品。下面的一竖表示支撑石桌的脚。

金文的“示”字与甲骨文略有不同。下面的一竖变成了像“小”字一样的支架，这似乎使石桌能摆放得更平稳些。

古人很相信鬼神，每逢节日或重大事件，都要跪拜祖先和鬼神，供桌上摆放着各种祭品。由此可知，“示”的本义是指供放祭品的“石桌”，也就是“灵石”。

正因为“示”所表示的是祭祀活动，所以后来凡以“示”为偏旁的字，大都与祭神和祭祀祖先有关。这个“礻”，就称“示字旁”，如：福、祝、社、祈、禅、祺、神、祖、祥、祯、祷……

由于石桌上摆满了祭品，这些祭品都是显示在光天化日之下，供鬼神祖先享用的，因此“示”有展示出来，让大家看的意思。

我们知道，人们在祭祀祖先时，嘴里常常念念有词，说些祷告祈求的话，目的是求得神灵的保佑。正因如此，“示”又有“以事相告”的意思，所以又引申为显示、表示的意思，如：示威、示众、示弱、示范、指示等。

唐·柳公权《淳化阁帖》

两个小人在作梗

民国年间，河北唐山缺一个县长，虽然上级说要从别处调一个人来当，但迟迟不见有人上任。当时，副县长刘文虎一心要夺这个宝座，便写了一个“示”字，找测字先生求测，看看有无可能。

测字先生只看了一眼，就摇头说：“事情遇到阻力，这个新县长不会来了。因为‘示’字拆开为‘二’、‘小’，这说明有两个小人正在从中作梗。”

刘文虎听测字先生这么一说，心里顿时狂喜。于是他马上开始上下活动，最后果然如愿以偿，趁乱当上了县长。

其实，此人能当上县长，跟测字无关。最根本的原因，恐怕还是最后一句话，他是“趁乱当上了县长”。

用舌头舔物——“舐”

shì

甲骨文

金文

小篆

舐

隶书

楷书

古代的“舐”字,是个左右结构的形声字兼会意字。左边的“舌”字是形符，表示跟舌头有关。右边的“氏”字是声符，读shì。这两个字形合在一起，表示用舌头舔物品。

也有人认为,古代的“舐”字是个象形字,字形就像张大嘴巴,伸出舌头在舔东西。

由此有学者把“舐”与“舔”及“敵”这三个字放在一起讲。金文的“敵”字写作“僪”。左边是单人旁作形符，右边的“啻”字作声符。这个字读dì，也读chì。原先与“商”为同一个字。小篆改成左边是“啻”字作声符，右边是“攴”字作形符，表示手持棍棒。隶变后写作“敵”。如今简化，借用“敌”来表示。“敌”字用舌头和棍棒来表示用舌头舔干净，本义指舔干净。后来借用作为“敵”字的简化字,表示“仇敌”,如:敌我双方。后引申指“敌对的”，又引申指相当，如：势均力敌。还引申指抵抗，如：所向无敌。这样，“敌”为假借义所专用，专门指“敌对”的意思，原有的用舌头舔的意思就用“舔”和“舐”来表示。

“舔”字是个形声字。左边的舌字是形符,右边的“忝”字是声符,读tiǎn。本义指用舌头接触物品，如：舔毛笔、舔奶油。

“舐”字的本义与“舔”字相似，是指用舌头舔干净。但不同的是,“氏”字有氏族、亲属之义，所以“舐”字更有亲近感。“舐犊情深”，这个不仅仅指老牛用舌头把小牛身上舔干净，还表达了对小牛深沉的爱，以此比喻父母对子女的爱。

“舐犊情深”这句成语，指爱子之情，像老牛舔小牛一样，感情极深。

无锡东门中学杨老师的“汉字教学课题组”，每周开展一次活动，同学们学习积极性高涨，还引来别的年级同学参加呢。

这天，金一鸣把“舐犊情深”，读成了“舔犊情深”，杨老师作了纠正。金一鸣说：“都是表示用舌头舔干净，为什么非要用‘舐’字呢？”

杨老师说：“问得好！我们不是常说吗，成语是个固定词组，经过千锤百炼，有不少是有典故，有来源的，我们不要轻易改变它。有些字或词语，我们光用眼睛看，光用嘴巴读，是远远不够的，我们还得用心灵去感受它。”

杨老师这一说，可把同学们吸引住了。

杨老师深情地讲起他亲身经历的一件事。

杨老师的童年是在苏北农村度过的。家前屋后，鸡鹅鸭、马牛羊尽在眼前。他喜欢看屋梁上的燕子穿梭似的飞进飞出，将捉到的虫儿衔回来，喂嗷嗷待哺的小燕子。他喜欢看老母鸡孵（fū）小鸡，看老母鸡怎样喂小鸡。他看到，每当老母鸡捉到虫儿它会用喙将虫儿啄成几段喂小鸡。要是啄到一粒米，它会找到一块砖头地，用喙啄碎，再唤小鸡来吃。他最喜欢看老猫用舌头舔小猫，它舔得很认真，很耐心，直到把小猫身上的毛舔得光溜溜的才放心。

邻居家的母牛生了头小牛犊，他天天去看。那老母牛用长长的大舌头在小牛身上舔呀，舔呀，好像要把全身心的爱，用舌头涂在小牛的身上。

杨老师曾听他祖母说过，他刚生下来时，不知什么原因，两眼红肿，一堆堆眼屎，像一层层黄蜡，把一对小眼睛封得严严实实，扒又扒不得，洗又洗不开。有人说，不赶快想办法，这孩子的眼睛就废掉了。几位老人提供了个秘方：要母亲用舌头舔孩子的眼睛，舔满七七四十九天，将眼屎舔尽了，孩子的眼睛就睁开了。就这样，杨老师的母亲，每天伸出舌头，在他眼睛四周舔呀，舔呀，舔了七七四十九天，终于使他的眼睛睁开，看到这个世界了。

杨老师说：“这就是我理解的‘舐犊情深’。这就是舔字不能代替‘舐’字的原因，因为‘氏’字里有什么也不能代替的血脉与亲情。”

以日为准正而不偏——“是”

shì

甲骨文

金文

小篆

隶书

楷书

小篆的“是”字是个上下结构的会意字。上面是“日”字，下面是“正”字。这两个字形组合在一起，表示以天上的太阳为标准，可领会为正而不偏差，直而不弯曲，肯定是对的，正确的。

“是”字的本义指“直、正”，引申出“对、正确”的意思。隶变后的楷体写作“是”。

也有人认为，古代的“是”字是个上下结构的形声字兼会意字。上面的字形是形符，可作“日”字和“旦”字理解，表示“阳光，光明”。下面的字形是“止”字，作声符，读zhǐ。这两个字形组合在一起，表示天下之事物，没有比太阳更正确的了。

古人为什么用“止”字作“是”字的声符呢？因为“止”有“行走”的意思，表示光明走到哪里都是正确的。小篆的字形是由金文演变而来的，隶变后的楷体写作“是”。

“是”字的本义指“合理的、正确的，与非相对”，如：是非、是的、是否、是非曲直、实事求是。

“是”字由本义引申指判断词，如：不是、就是、倒是、定是、回头是岸、浑身是胆。

“是”字假借作指示代词，表示“这个、这”，如：是日、如是、是可忍，孰不可忍？

“是”字又假借作助词，如：惟你是问、惟命是从。也作选择句或疑问句用，如：是不是你？

“是”字也作姓氏用。

这天晚上，南京夫子庙测字大师胡铁嘴正想休息，忽然，好友徐文才急匆匆来找他，说有位远亲，是经营百货的徐老板。老先生他年已八十，三代单传，晚年丧子，只好把希望寄托在孙子身上。孙子二十来岁，大名徐成龙。可这孙子别说“成龙”，就连条虫也不如，整天花天酒地，不务正业。近日，为争风吃醋，他竟在光天化日之下，持刀行凶，砍伤一高官的儿子，现被关进大牢，将判重刑。徐老板急得卧床不起，想请胡铁嘴上门测个字，问问吉凶，找个万全之计。

胡铁嘴带着字袋，跟徐文才一起赶到徐府。徐老板躺在床上，唉声叹气，自叹命苦。儿子早逝，孙子又是如此不争气，万贯家财，难道归还老天？他请胡铁嘴坐下，说：“我敬仰你胡先生，请给我测个字，指点迷津。”

胡铁嘴递上纸袋说：“我以字说事，请拣字。”

徐老板手指抖抖地掏出个“是”字。胡铁嘴看了看说：“事情的经过，文才简单地说了。依这‘是’字看，也符合眼下实情。徐老先生八十高寿，已是福分，但毕竟是日落西山、风烛残年。这‘是’字上为‘日’，下半部可拆为‘下人’二字。‘日下人’乃‘日下之人’，非艳阳高照，而是黄昏之后。说句罪过话，对此事，老先生当可泰然处之，先保重好自己身体，再谈子孙之事。钱财身外之物，万贯家财，即便归还老天又何妨？”

胡铁嘴如此高论，徐老先生未必听得进。他关心地问：“成龙被抓，近况怎样？”

胡铁嘴说：“正如‘是’字所示，他是光天化日之下，持刀杀人，犯的是重罪，恐怕是手铐脚镣，关在铁笼子里。”

徐老先生怀疑地问：“会这样吗？”

胡铁嘴将“是”字放到徐老先生眼皮下，说，“‘是’字里藏着‘二足’两字，且是‘二足并立’，我以此推断，他双脚已套上铁镣了。”

徐老先生不死心，问：“能不能提前释放呢？”

胡铁嘴说：“‘提’字由‘手’和‘是’搭配。你想‘提’，而手无力。对方权势比你大，你胳膊想拗过大腿？”

徐老先生听罢，手拍床沿，摇头叹息。

胡铁嘴觉得已无话可说，便与徐文才告辞。路上，胡铁嘴对徐文才说：“还有句话我没说。‘是’还可拆成‘一旦走’三个字。这老先生‘一旦走’后，还不知会闹成什么样呢。”

一和十组成“士”

shì

甲骨文

金文

小篆

隶书

楷书

对“士”字的本义有多种解释。

有人认为，甲骨文的“士”，上端有那么短短的一竖，像雄性的生殖器，所以在甲骨文中，把这样的“士”字，加在“牛”字的右边，便是雄牛；加在“羊”字的右边，便是雄羊；加在“鹿”的上面，便是雄鹿。可见“士”的本义是指雄性生殖器，后来引申为男子的通称。

《说文解字》的作者许慎有不同的解释:“士，事也。数始于一，终于十。从一，从十。”他认为，“士”是个会意字，它是由“一”和“十”组成的。“一”为万物之始,“十”为万物之终,因而他认为，“士”是指那些古往今来，无所不知、无所不晓的人。这样的人才会做事，所以他把“士”指为有才干的人。

还有人认为，甲骨文的“士”字，是个象形字，字形像正面站立的人，其本义是指未婚的青年男子。

其实，以上几种说法大同小异，都认为“士”跟年轻力壮、品质优秀有关。所以“士”常用来指军人，如:士兵、士气、上士；指某些技术人员，如：医士、护士；也作为对人的美称，如：女士、烈士、勇士。

“士”也是一个姓。

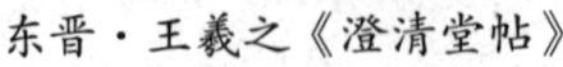

东晋·王羲之《澄清堂帖》　唐·欧阳询《草书千字文》

进士进土

汉字的笔画有严格规定，就连长短也有一定的分寸。如若长一点儿或短一点儿，那就是另外一个字了，有时意思完全相反。

明朝永乐年间，河北保定有个大财主，名叫李世兴。他花钱给自己和儿子各买了进士的头衔，然后父子二人，分别被委派到外地当了个小县官。

李世兴父子在外当了几年官，捞足了钱财，又回到保定，在城中繁华地段买了块地皮，大兴土木，为自家盖了座带后花园的大宅子。

房子盖好后，正逢春节前的大年三十。为光宗耀祖，显示自己的权势，李世兴特地在大门两旁，挂了一副木刻的对联：

父进士子进士父子皆进士；

婆夫人媳夫人婆媳均夫人。

年初一早晨，进士家的大门外围了不少人，大家议论纷纷、说说笑笑，好不热闹。

进士老爷和儿子闻讯赶忙到门外察看，头一抬，两人气得差点背过气去。只见有人用白漆改了几笔，成了另一副对联：

父进土子进土父子皆进土；

婆失夫媳失夫婆媳均失夫。

三十年为一“世”

shì

甲骨文

金文

小篆

隶书

楷书

关于“世”字的构字原理，有两种不同的说法。

一种认为它是象形字。因为在金文中，它像三片树叶连在一起的形状，于是就取了“叶”的繁体写法的上部分表示“世”。人的生死就像树叶的发芽与飘落一样，所以人们就用“世”来表示人世。

小篆的字形是三个“十”字，是个会意字。所以《说文解字》对“世”的解释为“三十年为一世”。“世”是由三十变化而来的，而三十又可以写作“卅”，经过几代的演变，就写成了“世”的字样。

在现代汉语里，“世”可以指人的一辈子，如：一生一世、今生今世。

我们把有血统关系的人一代一代相传而形成的辈分也称作“世”，如：查理一世、四世同堂。也有世交、世仇、世医、世谊等用法。

“世”也可以指有世交的关系，如：世兄、世叔。

“世”也指时代，如:近世、当世、上世、世纪;“世”也指社会、人间，如：问世、世道、世人、世上、公诸于世；此外，还有用得最多的“世界”。

“世”字也作为姓氏使用。

唐·虞世南《积时帖》

宋·米芾《三希堂法帖》

三改文献世家

话说明朝成化年间，吴江有位姓宋的举人，被皇帝召到京城当了官。宋举人在宅第大门上挂了“文献世家”的匾额，以示威风。

这宋举人干了好多坏事，引起民众不满。夜里，有人用白纸将“文”和“家”两个字糊住了，只剩下“献世”二字。这与“现世”同音，是句骂人的话，犹如“现世宝”。

宋举人大怒，叫家人将纸撕了。但第二天晚上，又有人将“文”字上的一点和“家”字糊住了，剩下了“又献世”三个字。宋举人又是一阵大骂。但仅仅过了两天，匾上“文”字上的一点“家”字上的宝盖头都被纸糊住了，成了“又献世豕”，这可把宋举人气昏啦！

做“事”情

shì

甲骨文

金文

小篆

隶书

事

楷书

古代的“事”字，是个会意字。甲骨文的字形是手持一根猎叉，从事打猎的形状。古代人狩猎是大事情，所以以此表示“做事”的意思。金文与此相似，小篆使其整齐化，隶变后的楷书写作“事”。

也有人认为“事”字是会意字兼形声字。甲骨文的“事”字，上面的形状不是指猎叉，而是像面旗帜，中间像简册，下面是只手，指有人手拿简册——也就是现在所指的记录本之类，正站在旗杆下作记录。记什么？当然是记录当时所做的事情。金文和小篆的字形有所变化，写成了以“史”为形符，“之”（zhī）为声符的形声字兼会意字，意思仍然是指“做事”。为什么这么说呢？因为“史”是记录事情的官员，这里就有“做事”的意思。所以“事”字以“史”作形符表意。又因为“之”字有“往”的意思，也有“到”的意思，而记事必须遵循事情前后发展的过程并如实记录，所以“事”字以“之”字作声符并会意。

“事”字的本义指“从事打猎”。后引申泛指“事情”，如：事件、事后、事例、事前、事理、事实、事态、事务、事物、事主、办事、成事、丑事、公事、好事、坏事、婚事、急事、家事、国事、事出有因、事无巨细、事与愿违等等。

“事”字由本义又引申指“做”和“从事”这两层意思，如：共事、无所事事；由此又引申指各种“职业”，如：事业、谋事、事业心、找差事等。

在中国古代的算命术中,"测字"或"拆字"是最为重要的一种方式。测字先生常准备一个口袋,袋里装有不少预先写好字的卡片,求测者可从袋中随便摸一张卡片求测,也可以自己随便写一个字请测字先生来占断。

却说南宋末年,临安有个叫王文杰的书生,因家境贫困,无以谋生,心想自己识得几个字,便学算命先生,在街头摆了个测字摊,挣点银两,养家糊口。

这天来了个长相富态、性情温和的人,在他的小方桌前坐下,也不言语,提笔写了个"事"字,又写了个"尤"字,还写了个"喜"字,然后努努嘴说:"请测三字,一并付钱。"

王文杰拿起纸,看看三个字,又端详了这人的面容,便缓缓断道:"看来你近日不顺,有件案子缠身,使你心烦意乱。但你不必过虑,数月后,事情过去,你将有进财之喜。"

那人问道:"何以见得?"

王文杰沉思片刻,解释道:"我见你一坐下便写了个'事'字,可见你遇到了什么麻烦。你写得匆忙,这'事'字最后一笔你一拖到底,下面那一钩没写。可见你心中急于解脱此事。'事'字下没有钩脚,可见此事没有钩钩绊绊,也足见你为人豪爽,宽容大度,办事利索,故知你这事很快会解决。而此事无非是财产分割、债务往来之类。你随后又写了个'尤'字。'尤'加竖心旁为'忧',今'尤'而无心,因而断你无忧,故知你会很快摆脱麻烦。你最后写了一'喜'字,足见你对处理眼下难题,信心十足,抱有必胜之意,故我知你将有好运。不过,你这'喜'字下面写得不封口,有点漏气,足见你求胜心切,气势太盛。心急吃不得热粥,所以你要耐心等待数月,方到大喜之日。"

几句话,说得这测字的人心花怒放,丢下一把碎银子,高高兴兴地走了。

权力和地位——“势”

shì

古代的“势”字写作“勢”，是个上下结构的形声字兼会意字。下面的“力”字是形符，表示跟权力、威力有关。上面的“埶”字是声符，读yì。这两个字形组合在一起，指“权力和地位”。

权力和地位的象征是力量和实力，所以“势”字以“力”字作形符。

甲骨文

古人为什么用“埶”字作“势”字的声符呢？因为古代的“埶”字有“种”的意思。“种”有发芽壮大的意思，而“势”字表示权力地位是逐渐发展的。所以“势”字以“埶”字作声符并会意。隶变后的楷书写作“勢”，后简化为“势”。

金文

“势”字的本义指“权力、地位”。如：权力、实力称“势力”；得到权力和权势称“得势”；权柄和权力也称“权势”。势力、威势、阵势等都是指“权力、地位”。

小篆

“势”字假借指“一切事物力量表现出来的趋向”，如：必然也可说“势必”；情势、形势称“势头”；事物发展的动向称“趋势”；大势、就势、来势、顺势、势不可当、势如破竹、势所必然等都指“趋向”；“势”字还假借指“姿态”，如：架势、手势、姿势、装腔作势。

“势”字也指“雄性生殖器”，割去雄性生殖器称“去势”。

隶书

势

楷书

努力执行才有优势

这天，无锡梁溪谜语研究会的朋友们在会长马汉文家小聚。一向爱说爱闹的小陶却显出郁郁不乐的样儿。老马以为他小夫妻俩又闹矛盾了，便关心地问了问。小陶长叹一声说："唉，当个小主任，势单力薄，形势不妙啊。"原来，小陶被单位提拔为办公室主任，上任没两天，便矛盾重重，得罪人还挨批评。

老马说："举个例子说说看。"

小陶委屈地说："就拿单位公车说吧，明文规定，公车不可私用。驾驶员小刘他妈生病住院，他用车来回接送，我同意了。可小马家丈母娘过生日，他也用公车接送，我批评了几句，他就跟我翻脸了，说我拉帮结派，小人得势。他联合其他人，要把我轰下台……"

老马说："这就是你的不是了。家有家规，国有国法，单位明文规定公车不可私用，你有法不依，厚此薄彼，不讲原则，难怪群众有意见啊。"

赵纪方说："小陶，你制谜面猜字谜很在行。我问你，'抓紧'是个什么字？"

小陶想了想说："抓紧就是执行有力度，这不是个'势'字么？"

赵纪方拍拍小肩膀说："对啰，你按规则办事努力执行，这样对得起天地，对得起自己。也只有这样，你才能有凝聚力，才能形成气势，才有威势，才能得势，才能开辟出大好形势。"

赵振南跟着说："古人造的'勢'字，已把这个道理说得明明白白了。甲骨文的'勢'字上面的'埶'（yì）为声符。'埶'是个会意字，字形像一个人手持树苗在栽种的形状。后来的金文在下面加上'土'字，突出树苗是种在'土'之上的，本义指'种植'。既然是种植，那就有发芽、茁壮成长、逐渐扩大的意思。而'勢'字表示权力地位是逐渐发展形成的，是逐渐培植的，所以'勢'字以'埶'字作声符并会意。这个字告诉我们，威势、权势不是一日取得的，你小陶要吸取教训，不断努力才能有气势啊。"

赵纪方补充说："我刚刚说到简化后的'势'字。这个'势'字告诉我们，做任何事都要抓紧，都要花力气去做。做，就是执行；力，就是拿出所有的精力和能力。只有这样才能打开局面，形成气势。"

马汉文说："'势'字读音跟'实'字相同。'实'，就是讲实力，讲势力不能不讲实力。势力势力，归根到底就是要有实力。没有实力，你有什么势力？没实力而谈势力，那是虚张声势，不堪一击，所以'势'字与'实'字同音通意。势力是以实力作基础，以实力为前提，因此做事一定要扎扎实实，一定要干实事，说实话。你要掌握真才实学，这样才能当好这个主任。"

小陶听了前辈们这番教导，连连点头，一一记在心上。

用眼睛看——“视”

shì

甲骨文

金文

小篆

隶书

楷书

甲骨文的“视”字，是个上下结构的形声兼会意字。下面的“目”字是形符，表示跟眼睛有关。上面是声符，可当作“示”字看待，读 shì。两形合一，指用眼睛看。

古人之所以用“示”字作声符，因为“示”字像祭祀神灵的祭坛，上面摆满了祭品，所以“示”字有“鬼神”的意思。后来这个“示”字变成了“示”字旁——“礻”。凡用“示字旁”的字，大都与鬼神有关。神是能见远察微的，而“视”字也有见远察微的意思，所以“视”字以“示”字作声符并会意。

小篆的“视”字，由甲骨文演变而来，成了左右结构的字形。左边是“示字旁”，右边是“见”字，所以表达的意思与甲骨文相同。

“视”字的本义指“看”，如：视角、视力、视觉、视听、视野、视线、环视、远视、扫视、注视。

“视”字由本义引申指观察、考察，如：视察、监视、诊视。

“视”字又引申指看待，如：鄙视、仇视、短视、忽视、敌视、怒视、蔑视、轻视、藐视、一视同仁、坐视、视而不见、熟视无睹。

“视”字也作姓氏用。

东晋 · 王羲之《兰亭序》

唐 · 欧阳询《九成宫醴泉铭》

明朝万历年间，这一年，又将举行会试。全国各地的举子，纷纷赶往京城，参加考试。

举子们在进入考场前，只见门前一块木板上，写着两行字，旁边特别注明：这是主考大人附加的试题。答不出者无需担心，可直接进考场。答得出者，可直接面告主考官。主考官就端坐在门口凉棚下。

这四句话是个谜题，是要考生们猜四个字。谜题是：

木字多一撇，止字少一点。一点不见，两点全欠。

众举子围着字谜，静心思考，小声商量，但无一人答得出，纷纷摇头，进考场去了。这时，人群中有一位眉清目秀的江西举子李进，默不作声，向着主考官的方向走了几步，又盯着主考官注视了一会儿，然后深深地鞠了个躬，走进考场去了。

站在一旁的举子们看了，都觉得莫名其妙，还以为这家伙在讨好主考官呢。主考官微微一笑，记下了他的姓名，进考场监考去了。

发榜后，李进高中榜首。据说主考官另给他加了分，因为他答出了那个谜题。这四句话的谜底是“移、步、视、钦”四个字。这最后一个是“钦”字的繁体字。

四个字中，单说这“视”字，就十分难猜。“一点不见”，指的是“视”字。“视”字可拆解为“示”字旁和“见”字。而“示”字旁又可拆解为上面一点和一个类似“不”字的部分。这就是“一点不见”。他盯着主考官，即为“注视”的“视”字。至于其他三个字，就留待读者慢慢品味吧。

特别喜好——“嗜”

shì

古代的“嗜”字,是个左右结构的形声兼会意字。左边的“口”是形符,表示与嘴巴有关。右边的“耆”读qí,作声符。两形合一,指吃食物是每个人的喜好。

声符“耆”,在古代是个形声字,本义指老年人,也专指六十岁的人。在古代,“人生七十古来稀”,七十岁已属高龄了,六十岁就是老年人。“耆”字除表示老年之外,也指“老”。在古书中,又有嗜好之义,后来写作“嗜”。在这儿,正因为“耆”有老的意思,那么,老是习惯于某一种喜好那就是“嗜好”了。所以“嗜”字以“耆”为声符兼表意。

“嗜”字的本义就是特别喜好,也就是“嗜好”,这种嗜好大多指不良的爱好,如:嗜赌、嗜烟、嗜酒如命。

“嗜欲”,指人的眼睛看、耳朵听、鼻子闻、舌头尝等肉体感官上贪图享受的要求。

甲骨文

金文

小篆

隶书

楷书

唐·李怀琳《绝交书》

宋·黄山谷《三希堂法帖》

《草书韵会》

老汉爱喝酒

自古以来，南京夫子庙一带的人家，都喜欢在元宵灯节那天，在自家门口设起祭坛。小方桌上放着茶水，讲究的人家还摆着一壶酒和花生米之类。门楣上挂着灯笼,灯笼上写着谜语。过往行人若是猜对了，主人便以茶或酒相待，这叫以谜会友，其乐融融。

却说明朝洪武年间，住在大石坝街的姚老汉，在自家门口放了张小方桌，酒茶一应俱全，等人来猜灯笼上写的三条字谜：

左右开弓，百发百中。

一个老汉爱喝酒，一天只能喝一口。

浅草遮牛角，疏篱没马蹄。

姚老汉坐在桌旁，专等过往行人来猜。驻足品味这三条谜语的人不少，但没有一人能将三个字都猜出来。

天将傍晚时，有位年轻人走来，仰头读了一遍，连声夸奖这三个字谜制作得高雅巧妙。看来，这是位来京城求学的读书人。他轻声吟诵了一遍白居易的《钱塘湖春行》,说:“这最后一个字谜，是从诗中‘浅草才能没马蹄’脱化而来的,谜底是‘荒芜’的‘芜’字(繁体字为‘蕪’)。真是诗情画意，妙不可言。”

姚老汉问：“另外两个呢？”

年轻人用手指蘸酒在小方桌上写了“弼”、“嗜”两字，问:“老先生，是么？”

姚老汉连忙点头，并斟酒相敬。年轻人笑道：“老人家，我年轻不善饮，还是您老留着，一天喝一口吧。”说罢，大笑而去。

在这里，笔者不想画蛇添足，作过多的解释，读者诸君，尽可细细品味这三个字谜的妙处。

长着头发的人头——“首”

shǒu

甲骨文

金文

小篆

隶书

楷书

甲骨文的“首”字是个上下结构的象形字。上面是人的头发，下面是眼睛和人的脸。字形中突出了眼睛。

金文的字形由甲骨文演变而来，但稍有变化。隶变后楷书的“首”字写作三个字形，分别是“百”和“頁”及“首”。其中“頁”字，上为人的头和头发，下面为人的身子，本义为“头”，与“百”和“首”字均为同一个字。由于“頁”字作了偏旁，并借作量词用，“頭”的意思便另加声符“豆”写作“頭”来表示，而“首”的本义仍指“头”。

“首”字的本义指“脑袋、头”，如：点头同意称“首肯”；古时斩下的人头称“首级”；回头、回顾称“回首”；抬起头来望称“翘首”。顿首、叩首、斩首等用法都指头部、脑袋。

“首”字由本义引申指“带头的”，如：领导者或为首的人称“首领”；作为领导的人或机关称为“首脑”；政府领导人或军中将领称“首长”。首相、首座、祸首、匪首、魁首、元首等用法中都指“带头的”意思。

“首”字由带头的引申指“最先、第一”，如：首倡、首创、首恶、首富、首功、首批、首任、首位、首先、首席、首要、岁首、首当其冲等。

“首”字指“出面告发”，如：自己向司法机关交代罪行称“自首”；检举、告发称“出首”。

“首”字作量词用，主要用于诗词，如唐诗三百首。

“首”字也作姓氏用。

空悬其首

民国末年，苏北建湖县蒋营镇发生过一件乡民和一个回乡贪官斗智斗勇的故事，当地人口口相传，如今人们讲起来还是津津乐道。

那时蒋营镇有个有钱有势的乡绅叫蒋道生。此人祖籍在蒋营，因识得几个字，年轻时在上海洋行里当过差，后来在盐城当过几年税务官。据说，他利用手中权力，贪污受贿，捞了一大笔钱，回乡买地置产业，成了当地首富。此人心狠手辣，靠放高利贷，逼乡民卖地敛财，不少人被逼得家破人亡，远走他乡。

当地有位教书先生，名叫周之文。别看他是个文弱书生，却是个铮铮铁骨、敢说敢当的硬汉。他与蒋道生势不两立，常带领乡民与他抗争。

这年春日，蒋道生六十大寿，在家乡大摆寿宴，从上海、盐城来了一大帮客人，那真是车水马龙，热闹非常。正当寿宴进入高潮时，有近百乡民列队而来，为首的是周之文。前面有四个壮汉，用竹竿高举着两副对联，分两排，插到了蒋家大门两边。第一联是：

道出真情，吃数万贯公款，便成巨富；

生来怪物，当年三年洋差，自号通才。

这副对联，揭露了蒋道生昔日的恶行。上下联开头两字直指蒋道生的名字。

第二联是：

道去走之旁，空悬其首；

生去下一横，人变为牛。

这第二联杀气腾腾，义正词严地警告蒋道生，你再横行霸道，决没好下场，要让你人头落地，空悬其首，要让你下一辈子变为畜牲。

在这副对联中，最为传神的是“道去走之旁，空悬其首”，把“道”字拆解得合情合理，触目惊心，气势逼人；“生去下一横，人变为牛”，显得生动形象，十分贴切，令人信服。

这个故事的真假并不重要，这两副对联的确值得欣赏。

官府需依法办事——“守”

shǒu

甲骨文

金文

小篆

隶书

楷书

金文的“守”字,是个上下结构的会意字。上面的宝盖头指房屋,在这儿表示官府或官员办公的地方,下面是个“寸”字。古代的“寸”字是个指事字,由“又”字和一横组成。“又”字指手,一横指明手的寸口所在之处,也就是中医把脉的地方,用手按时可以感觉到脉搏的部分,是中医切脉常取的部位,意思为“寸口”。隶变后楷书写作“寸”。寸口处至手腕部位约为一寸长,所以“寸”字指长度单位,是有分寸的意思。用在这儿,表示有分寸、有法度。这两个字形综合起来,表示“在官府做事的人,必须遵守一定的法度”,有“依法掌管官府职责”的意思。

“守”字的本义为“依法掌管官府的职责”。

“守”字由本义引申指“遵守、依照”。遵守法律和法规合称“守法”;讲信用,不失言称“守信”;共同遵守的规则称“守则”;严格遵守称“严守”,也称“恪(kè)守”;忠实地遵守称“信守”。守约、守制、安分守己等都是“遵照,依照”的意思。

“守”字由本义假借指“防卫、保卫”。如:防守戒备称“守备”;坚决守住称“坚守”;防守保卫称“守卫”。攻守、固守、据守、苦守、困守、失守、死守、退守、扼守、驻守等都是“防卫”的意思。

“守”字由“防卫”的意思,引申指“看护”。如看守保卫称“守护”;夜间守卫称“守夜”;看守门户称“守门”;等候或看护称“守护”。守灵、监守、留守、看守、守株待兔等都是“看护”的意思。

“守”字又引申指“保持”的意思。如:守节、守旧、守孝、保守、守寡、墨守成规、守口如瓶。

“守”字假借指“靠近”。如:守着山没柴烧。

“守”字也作姓氏用。

守住好茶楼

无锡梁溪谜语研究会的同仁，常以西水关茶楼为活动地点，他们跟店主吴老板结下了友情。其间，吴老板经不住子女软磨硬泡，自己也经不住金钱诱惑，曾想在茶馆里暗设几个包间搞赌场，后来经会长马汉文劝说，才打消念头，一心一意开茶馆。

今年新茶上市，谜友们重回西水关茶楼，显得格外热闹。吴老板虽然有点尴尬，但看到客人们品茶聊天，心里也蛮高兴。他坐在一旁，听谜友们谈字谜。

也不知是有意无意,有人说今日新茶上市,用“合时合宜”打一字。

周其良说：“你这是用‘时’字一半的‘寸’字，加‘宜’字一半宝盖头合成‘守’字。我给你猜个‘时穷节乃见’，什么字？”

这个谜面古色古香的不易猜。过了一会儿,有人应道:“我猜出来了，就‘差点夺下冠军’啰。”

看来这是位猜谜高手，他以谜面答谜底。

吴老板坐在一旁，一头雾水，不知所云。他低声问马汉文，马汉文沾点茶水写了个“守”字说：“老周说的是‘时’字跟‘穷’字各一半为‘守’字。有了‘守’字，就有‘守节’这个词了。‘守节’就是坚守节操，保持好的品德。‘差点夺下冠军’，就是说‘冠’字上面是个秃宝盖，加一点就是宝盖。下面的左边有个‘元’字，‘元’也表示第一,元年、元月都表示一。这就是‘守住第一’。守住第一,就是‘守’字再加一个‘元’字就成了‘冠’字，不就是得冠军吗？”

吴老板听了，似懂非懂，但他心里嘀咕：怎么尽说些“守”字呀？

这时，赵纪方说：“我出个通俗的，让大家猜猜。‘杜绝火灾，十分必要”，这是什么字？”

王林生呵呵地笑着说：“用不着猜啦，就像吴老板把家里都搬光了，还是十分富有！”

众人听罢，都笑了起来。吴老板慌了，以为大伙儿在笑话他。马汉文拍拍吴老板肩膀，笑着说：“他们在夸你哩。说把‘家’搬空了，只剩下宝盖头。十分指一寸，两字相加还是个‘守’字啊。你守着这么多朋友，还怕不富吗？”

吴老板恍然大悟：“你们说到现在，都在说‘守’字啊。”

马汉文说：“对呀，夸你有操守，守住了个好茶楼！”

手举酒杯为老人祝“寿”

shòu

甲骨文

金文

小篆

隶书

楷书

金文的“寿”字有两种写法。第一种写法，以“老”字的省笔作形符，表示老年人，即表示“寿”；另外两部分字形作声符。这两部分字形合起来为古“畴”字，指已耕作过的田地。田地里沟渠纵横，有“长”的意思。所以“寿”以“畴”作声符并会意。

第二种写法,是在前一种写法的基础上另加了“口”和“又”。“口”字像酒器；“又”字像手，意为老者举杯祝寿。小篆与楷书的字体，仍然是手捧酒器为老者祝寿的意思。本义为“年纪老，长寿”。

简体字“寿”,应该看作是个会意字。由“老”字的省笔和“寸”字组合。“老”，指老年人；“寸”表示手。用手搀扶老年人，其本义也是指年纪大、长寿，如:寿星、高寿、寿斑、寿数、寿比南山。

“寿”由本义引申指生命，如:寿命、寿险、长寿、延年益寿。由此又引申指生日，如：寿辰、寿诞、寿礼、寿桃、寿筵、祝寿、拜寿。

“寿”，又引申指与死有关的，如：寿衣、寿材、寿穴。

元·赵子昂《停云馆法帖》

唐·则天武后《升仙太子碑》

宋·米芾《蜀素帖》

一刀划三寸

无锡有位老书法家，姓刘，名天平。刘老年事已高，但身体硬朗，仍常出来走动。他最喜欢去的地方是装裱店，他跟那几位装裱师是老朋友。

刘老在书法界名气虽大，但为人随和，没有架子。认识的熟人向他求字，分文不取，有时当场就写。

今天，刘老来到装裱店，只见装裱师老吴正手拿裁纸刀，低头裁宣纸，便问："忙哪？"老吴一见刘老进门了，连忙让坐敬茶，然后说："刘老，我老丈人后天八十大寿，向你讨幅寿字。"

刘老爽快地说："铺纸磨墨，老夫立马就写！"

老吴连忙端出文房四室，刘老站在桌前，提笔写起来。他一口气，写了篆书、隶书、楷书、行书、草书几个"寿"字。最后还空一个字，刘老却愣在那儿了。刘老原想写个简体字"寿"字，可不知怎的，成日写繁体字竟把简体字忘了。他连连拍着后脑门，说："咦，老糊涂了，这简体字'寿'字怎么写？"

老吴不忙告诉他，举起手中的裁纸刀笑着说："给你猜个字谜吧，猜得出，你就写得出。"

刘老看着他手中的刀，惊奇地问："猜字谜，你舞刀弄枪的干什么？"

老吴说："我这字谜叫'一刀划了三寸长'，你写吧！"

刘老低头思考了一下说："明白了。"说罢，挥笔写了个十分传神的"寿"字，那长长的一撇，真如一把锋利的长刀，潇洒地划下去，足足三寸长。

读者朋友细看这"寿"字，那长长的一撇如同一把长刀，余下的不正是"三"与"寸"么？这就是"一刀划了三寸长"呀。

相互交接一条船——“受”

shòu

甲骨文

金文

小篆

隶书

楷书

“受”字，有接受、遭受、忍受、深受等用法。另外还有适合的意思。

大家都知道，将东西送出的一方叫“授”，接受的一方叫“受”。而在古代，这两个意思是用同一个字表示的，这就是“受”。

从甲骨文的字形看，上面是一只手，下面是一只手，而中间是一条“舟”，好像在相互交接一条船。后来把“舟”简化成秃宝盖了。

问题的关键是，在当时，人们为什么不交接别的，而要交接“舟”呢？在远古时代，人们择水而居，大都住在河边，乘船来往，捕鱼捉虾都离不开舟。不难想象，当时物资缺乏，造条小船很困难，所以小船不可能多，大家共同使用。恐怕也不会有专职的船员，所以在驾舟前后，相互间都有个交接手续。我把船交给你了，你接受了，这个“受”字便有了“交接”的本义。

随着社会发展，人们又把“交接”分化为两个字：“接受”下来，或者说收下来为之“受”；交给、给予加上了个提手旁为之“授”。这两个字分工明确，否则，也就不会有后来的“男女授受不亲”这句话了。

唐·褚遂良

唐·颜真卿《祭侄稿》

贪官看匾

匾，是一种在门或墙壁显眼处横挂的牌子，上面写着作为标记或表示赞扬的文字，如横匾、金匾。

匾，很多是有权有势的人为了光宗耀祖，彰显自己功德而挂的。但有时适得其反，有些贪官挂的匾常遭文人“暗算”，所以这帮贪官草木皆兵，特别怕文人在匾上做文章。

清朝年间，陕西有个县城的县令，听说新来了个太守要来巡视。为了欢迎太守，他特地令人把城楼打扫干净，城门洗刷一新，还挂上新匾，上面写着“壮观”两个大字。哪知道，太守来了，抬头一看是“壮观”二字不由恼怒地说：“壮观壮观，我是西安人，读起来是‘赃官’。”

县令一听，吓得连忙派人把匾摘了下来。

也是清朝年间的事。绍兴县令听说太守要来巡视，便在太守要住的宾馆大门上挂上匾，写着“牧爱”两个字。

什么叫“牧爱”呢？古时，人们把官吏治理地方，比作牧人牧养牛羊牲畜。官爱民，称之为“牧爱”，这本是句赞美词。

这天，太守来了，抬头一看，匾上是“牧爱”两个字，皱着眉头说：“我看来看去，怎么像‘收受’二字？快把它拿下来！”

县令一听，这可吓坏了，连忙派人把匾取下，免得太守怀疑有讽刺他收受赃物之意。

“牧爱”与“收受”字形相似，意义相差十万八千里，但这贪官太守做贼心虚，把它们看成一样了。

［瓦当欣赏］

秦汉瓦当

叫卖商品的“售”货员

shòu

甲骨文

金文

小篆

售

隶书

售

楷书

小篆的“售”字是个形声兼会意字。上面的“隹”是读音。这“隹”字来源于“仇”字的异体字。这个字的笔画很复杂：左右两边各是一个“隹”字，当中是个“言”字。或者上面是两个“隹”字，下面一个“言”字。这个字读 chóu，早已不用了。在“售”字中它被减省为“隹”，作“售”字的读音，这也与今天的读音相同了。不过，今天的“隹”字读 zhuī。“售”字下面的“口”是形符，表示这个字与“口”有关。

“售”的本义是卖出去。卖商品的人要大声吆喝，要详细介绍商品，所以用“口”来作形符，如：售货员、售票、零售、销售、出售。

“售”由卖出去这层意思，转义为施展、实现。但这时的“售”字，往往表示不好的意思，如：以售其奸、阴售其奸、其计不售。

古人为什么用“隹”字作“售”字的声符呢?

首先，我们要弄清楚，“售”字中的“隹”读 zhuī，不是“佳”(jiā)，有人误写为“佳”，这就成了错字了。

“隹”字是个象形字，在甲骨文中像只小鸟，是短尾巴小鸟的总称，如“麻雀”中的“雀”字，就是由“小”和“隹”组成的，这是个会意字，表示小的鸟儿。在“售”字中，用“隹”作声符，是因为繁写时“口”字上有两个“隹”字，就是有两个鸟儿，多余一个可卖出去，所以用“隹”作声符并会意。

因售会友

南京有一位退休的吴老师，家住夫子庙附近。退休后，他喜欢种花养鸟，常去逛花鸟市场。最近，他又爱上了钻研汉字，经常翻阅《说文解字》。

这天，吴老师来到人声鼎沸的夫子庙花鸟市场，一眼就看中了一个精美的盆景。他蹲下身子，和卖家谈起价来。卖盆景的见吴老师爱不释手的样子，便一个劲儿地抬高价格，说这盆景出自名家之手，来历不凡；又说这盆景的瓷盘如何珍贵，大有收藏价值……

吴老师见他很会做生意，就指着“售价一百元”的牌子笑着说:“看来你对‘售价’的‘售’字很有研究呀！”

卖盆景的说：“我没什么文化，这木牌是卖鸟老汉帮我写的。”说罢指了指正在旁边卖鸟的老头儿。

吴老师说:“这售字上面是‘佳’,下面是个‘口’,‘佳’者,美好也,‘口’者，用嘴说也。你夸你的盆景如何好，这就是售呀。”

卖盆景的老板点头称是。这时，站在一旁卖鸟儿的老汉插嘴说:“恕我多嘴，售字的意思怕不是这样的吧？这位老先生，你若是买我的鸟儿，这样的解释倒犹可一说呢。”

吴老师听了忙向他请教：“在下班门弄斧，请指教。”

卖鸟老汉指着木牌上的“售”字说：“这‘售’字的上半段是‘隹’字，在甲骨文中是个象形字，就像我这儿的短尾巴鸟儿。它读 zhuī，‘麻雀’的‘雀’字中就有它。而你说的‘佳’字是‘人’字旁加个‘圭’。这个‘圭’读 guī，本指古代天子封给诸侯的土地。圭是一种长方形的玉，天子用这种玉作信物，所以用两个土来表示。玉石很珍贵，也很美好，加上人字旁就成‘佳’了。你刚刚说‘口’上加‘佳’为‘售’，恐怕不对吧？应该是‘口’上加‘隹’。这‘隹’，就跟我卖的鸟儿有关啦。”

吴老师听罢，恍然大悟，对卖鸟老汉深深一拜说：“谢谢指教！”

后来，吴老师与卖鸟老汉经常往来，因这“售”字，成了文友。

肌肉不丰满——“瘦”

shòu

甲骨文

金文

小篆

隶书

楷书

隶变以后的“瘦”字是个形声兼会意字。外面是个病字头“疒”，俗称病壳子，表明这个字与疾病或身体不健康有关。里面是个“叟”字，表明这个字的读音。

“瘦”字中的声旁“叟”，表示老年人，如：智叟、老叟。老年人大都体弱多病。体弱多病能健壮么？所以外面加个病壳子就是“瘦”了。

“瘦”的本义指脂肪少，肌肉不丰满，如：面黄肌瘦、骨瘦如柴。

“瘦”不仅指人的身体，也指动物，如：牛很瘦。土地不肥沃也称瘦，如：瘦瘠的土地。

因为瘦，就显得小，而且弱，这就是：瘦小、瘦弱、瘦削。

“瘦”字还有窄小的意思，如：衣服太瘦了，穿不上身；鞋子嫌瘦。

[瓦当欣赏]

战国画像瓦当

生了病的老叟

一天，大画家张大千在街头漫步。路过一个画廊，里面好多人在看一个年轻人作画，他也走进去，饶有兴趣地看起来。

年轻人聚精会神，画笔飞舞，没一会儿工夫便画好了一幅。正当他洋洋自得时，忽听身旁有人咳了一声，抬头一看，哎呀，原来是国画大师张大千！他又惊又喜，连声说："不好意思，大师面前献丑了。"

张大千摆摆手，问道："你画的是什么呀？"

年轻人答道："《老叟醉酒图》呀！有什么不对的地方，还请大师多多指教。"

张大千说："我来给画题个字吧。"年轻人一听，高兴得直咧嘴，没来得及道谢，张大千已经在上面题好字了。这年轻人歪着脑袋，看了半天才看出来，原来是个"瘦"字。

题这个字是什么意思呢？简直和我的画驴头不对马嘴呀。年轻人心里正嘀咕，这时张大千说话了："瞧你画的老叟，哪像是醉酒呀，简直像患了重病一样，所以我写这个'瘦'字再恰当不过了，因为'瘦'字外面是个病壳子，里面是个'叟'。这生了病的老叟，岂能不瘦！"

年轻人听了，连连点头说："谢谢大师指点，你这番话，使我受益匪浅！"

握笔记录口中话——“书”

shū

甲骨文

金文

小篆

隶书

楷书

甲骨文的“书”字是个上下结构的会意字。上面是“聿”字，这是一个人手握笔杆的形状。下面是个“口”字，表示用笔记录所说的话。传说远古时代，先民以竹子当笔，沾着漆写字。这个情景，可能是描绘首领在占卜时，旁边的卜官在作记录。

后来金文的“书”字，在“聿”与“口”字之间增加了些笔画，演变为从“聿”、从“者”的会意字。这里的“者”字，在古代也是个会意字。有人认为，上面像树枝舒展的树木形，小点表示树叶或果实，下面的“口”像一种可种树的盆子。也有人认为，上部为“黍”字，下部是个“口”字。“口”表示容器，“黍”表示用漆涂刷器物。在这儿，表示用笔墨记录语言。楷书写作“書”，后简化为“书”。

“书”字的本义为书写、记载，如:书法、大书特书、奋笔疾书。

既是书写，就有不同的字形字体，这就是草书、隶书、行书、楷书等。

既是写，就有写什么的问题。书写的内容有家书、书信，也有各式文件，如：聘书、申请书、保证书。

装订成册的著作是书籍、书本、丛书、样书、图书。

另外，关于书的词语还有很多，如:书评、书皮、书目、书市、书展、书桌等。

文征明哑谜讨书

明代书画家文征明，与祝枝山是一对文友。有一天，祝枝山从文征明那里借了一本书，不知是忘了还是另有原因，总之过了很久未还。文征明急了，可又不好意思开口去要，便想了个讨书的办法。

第二天，文征明的书童来到祝枝山家，拜见过后，便一言不发，在书房中间一站，然后在怀里摸出一支毛笔，五个指头一握，最后张着嘴巴不动了。祝枝山一愣，马上就明白了，笑着说："好你个文征明，要书就要书，还跟我来这一手，真是煞费苦心了。"

原来，书童的举动是文征明想出来的一个哑谜。因为繁体的"书"字中间有一竖，所以书童先拿出一支毛笔，便是代表了那一竖，而他握在上面的五根指头，则是代表那一竖上面的五横，最后张开嘴巴，表示要说话，而说在古语中为"曰"，这个"曰"便是"书"字最下面的部分。把这些动作加在一起，正是一个完整的"书"字。

砍头死罪——“殊”

shū

甲骨文

金文

小篆

隶书

楷书

小篆的“殊”字，是个左右结构的会意兼形声字。它的左边为“歹”，表示意义。右边是“朱”，表示读音，兼表字义。

“歹”字的本义是剔去肉之后剩下的残骨，引申为死人。在汉字中，凡以“歹”字为偏旁的字，其意义均与“死”有关，如：歼、殃、残、毙、殒、殡。在“殊”字中，也有表示“死”的意思。

这个死是什么样的“死”呢？在汉代，“殊”是个非常残酷的刑罚，是砍头的死罪，将人身首分离。

“朱”字，在这儿除了表示读音，也表示“红色”。这红色指什么？指人被砍头后，身首分离，鲜红的血液四处喷溅。

在这儿“朱”字突出了血淋淋的现场景象，增添了“殊”字含义的恐怖与残忍。

“殊”字的本义是砍断人头的意思，所以“殊”在古文中有“断”和“分离”的意思。

“殊”由本义引申为表示不同，有差异，如：殊途同归。

“殊”也表示特别，如：特殊、殊勋、殊功、殊荣。

“殊”在书面语中表示很、极的意思，如：殊觉歉然。

“殊死”，表示拼着性命，竭尽死力，如：殊死一战。

为殊字送掉老命

朱元璋是明朝开国皇帝。少年时代，他因家中贫困，不得已到一寺庙里当了小和尚。庙里有个老和尚名叫智仁，平日里待朱元璋不薄，所以朱元璋一直对他心存感激之情。

朱元璋凭他的智谋，带领起义军南征北战，终于打下了全国，当上了皇帝，建立了大明王朝。

这天，朱元璋心血来潮，忽然想起了智仁老和尚。他派人特地到原先待过的寺庙，把智仁请到皇宫来叙叙旧，请他吃顿饭。

智仁老和尚修行没到家。皇帝请他吃饭，他本可保持平常心，从容对待。可他受宠若惊，在饭桌上即兴赋了一首诗，献给朱元璋。其中有一句“金盘苏合来殊域”，意思是金盘子里装的苏合香来自不同的地方。

朱元璋见这首诗中有个“殊”字，顿时脸就沉了下来。他用手指在桌子上反复地写着“殊”字，脸由冷而变怒。他心中琢磨：这“殊”字左边是个“歹”字，“歹”就是死、恶、坏；右边是“朱”字，就是指我朱元璋，也就是朱明王朝。“殊”，不就是骂他“歹朱”、“死朱”、“坏朱”、“恶朱”么？

想到此，他大吼一声：“明目张胆，咒骂寡人。来人哪，给我拉下去——斩！”

可怜的老和尚，为了一个“殊”字，真的身首分离了。

给人予房舍——“舒”

shū

古代的“舒”字，是个左右结构的会意兼形声字。

从形声字的角度看，它的左边是“舍”。“舍”表示房舍，是人住的地方，如宿舍、寒舍。右边是“予”，表示读音。“舒”的本义是伸展，如：舒展。

甲骨文

从会意字的角度看，这“予”字除了表示读音之外，还有表义作用。“予”，表示给人东西，如“给予”。

“予”和“舍”放在一起表示什么意思呢？最直接的感觉是“给人予房舍”。

金文

“给人予房舍”与“伸展”有什么关系呢？这是令人费解的。

伸展，如：舒展、舒筋活血。

伸展的动作是缓慢从容的，这就是舒缓、舒徐。

伸展开来，更宽松、更宽畅、更轻松，这就是舒畅、舒服、舒心、舒适。

小篆

说到这儿，我们不妨再回过头来看看“舒”字中的“舍”和“予”，是不是有一种给人房舍后，觉得更宽畅、更舒畅的感觉呢？这应该说是一个崇高的境界。

有人戏言，“舍”得给“予”他人，自己获得的是“舒”坦。

这里把“舍”字当“舍得讲”，何尝不是对“舒”字的一个绝妙的解释呢？

隶书

楷书

舍弃和给予

明朝时，京城有个大商人，虽然很有钱，但总觉得不快乐，于是他就向一位老和尚请教，如何才能让自己心情舒畅。

老和尚答道:“多做善事，自然就会快乐。”说罢写了一个“舒”字，让他心情烦躁的时候多看看。

从那以后，这人记住老和尚的话，经常做善事。只要是老百姓逢灾有难,他便开仓放粮,大肆放舍。没多久,他便成了远近闻名的大善人，也不知不觉快乐起来，再也不像过去那样烦恼了。

一天，他又遇到了老和尚。他说：“感谢师父当初指点之恩，现在我的心情舒畅极了,从来没像今天这么快乐过。不过有一点我至今不解，那个‘舒’字是什么意思呢？”

老和尚双手合十,微笑着说:“施主,‘舒’字折开是‘舍’和‘予’,我让你多看这个字，是要你记住：想要心情舒畅，一定要懂得舍弃和给予。这两点施主都做到了，所以才会有今日的安逸与快乐。”

水清且深——“淑”

shū

小篆的“淑”字，是个左右结构的形声字兼会意字。左边的三点水是形符，表示跟水有关，右边的“叔”字作声符，读shū。这两个字形组合在一起，指“水清澈、洁净而且很深”。

古人为什么用“叔”字作“淑”字的声符呢？因为“叔”字有美好的意思。谁不喜欢清澈洁净的水呢？这种水是美好的，所以古人用“叔”字作“淑”字的声符并会意。

隶变后，楷书写作“淑”。

“淑”字的本义指“水清澈、洁净”，如：淑清。

“淑”字由本义引申指“善良、美好”。如：形容温柔文静的女子为“淑静”，善良美好的女子为“淑女”，这就是窈窕淑女、淑女风范。

“私淑”是书面语，指未直接当其学生，但敬仰其学术并尊之为师。未亲自受业的弟子称之为“私淑弟子”。

贤惠也称“贤淑”，如：贤淑的妻子。

甲骨文

金文

小篆

隶书

淑

楷书

王家小淑女

无锡梁溪谜语研究会的同仁，聚会时，喝茶聊天，偶尔喝点小酒，尝尝时鲜，更主要的是精神聚餐。会长马汉文有个本事，每当别人提到一个字或一句话时，他都能引发一阵感慨，讲出一段故事来。

这天，周其良作了首字谜诗，请大家定夺。

小时上汉中，叔叔江边送。
告别挥挥手，两眼泪水涌。

马汉文读罢，连呼："好！好！好！"他认为，这首字谜诗，把"淑"字写活了、写尽了、写美了。"淑"左边的"水"与右边的"又"字合成"汉"。"淑"字当中的部分上为"上"，下为"小"，这便是"小时上汉中"。你可理解为上"汉口中学"，也可理解为远去"汉中平原"。左边的三点水和右边的"叔"字可理解为"叔叔江边送"。左边的三点水是"泪水涌"，右边的"又"字是"挥挥手"，这是一幅很有诗意和人情味的画卷啊。

这首字谜诗，又引起老马一段童年往事。

老马七八岁时，在苏北水乡外婆家上小学。班上有位女同学名叫王淑娴，她上学迟，是同学们的大姐姐。她长着鹅蛋脸、大眼睛，穿件红衣裳，同学们称她"红姐姐"。

红姐姐抵得上半个老师。老师不在时，她领着同学读书写字唱儿歌。每天一早，她带来抹布扫帚打扫教室，揩台抹桌子。下午她奔回家，拎来一壶水，让同学们解解渴。哪个同学的帽子戴歪了，钮扣没扣上，她都会帮你整理好。有谁衣裳破了，她带来针线碎布帮你补补好。

马汉文小时常流鼻涕，红姐姐就用手帕帮他擦干净。后来马汉文养成了习惯，有了鼻涕，就仰起头等着红姐姐来帮他擦。

红姐姐平时不声不响，做事不急不忙。她沉静、文雅、端庄，使人感到亲切，像亲人一样。当马汉文迁往江南，乘船离开时，他站在船头张望，只见岸边的绿树丛中，有团火红色在飞快流动，那是红姐姐赶来为他送行……

几十年过去了，老马一直忘不了端庄美丽、善良贤淑的"红姐姐"。

安排部“署”

shǔ

甲骨文

金文

小篆

隶书

楷书

古代的“署”字，是个上下结构的形声字。上面的“四”字是形符。“者”是声符。有人认为，这“者”字是“诸”字简省的写法。也就是说，“署”字的声符应该是“诸”，读 zhū。在“署”字中，“四”字可理解为网。本意为安排部署。

也有人认为，“署”字是个会意兼形声字。“四”字表示网，作形符。声符为“诸”字。表示按各个系统——也就是按网络布置任务。所以“署”字用“四”字作形符。又因为“诸”字有各部分的意思，而布置任务是按系统的各部分进行的，所以“署”字以“诸”为声符兼会意。“署”字的本意指布置，如：部署。

“署”字由本义假借指办公的地方，如：公署、官署、行署、专署、总署、出版署、审计署、海关总署。

“署”字由本义又假借指“签名”，如：署名、签署。

“署”字也表示“代理”，如：署理。

唐·孙过庭《草书千字文》

宋·米芾《蜀素帖》

唐朝德宗年间，河北有个读书人名叫欧阳世仁。这年他进京参加进士考试，不料落榜，只得从长安回家乡。路过信安时，他上街闲逛。他见路边一老者摆一小方桌，代写书信，兼看相测字。欧阳世仁出于好奇，与老者闲谈起来。

老者鹤发童颜，谈吐不凡。当得知这次欧阳世仁落第，便对他端详良久，说："依老朽之见，你复姓欧阳，不宜起两字为名。我为你改欧阳署如何？'署'字拆为'四'和'者'。'四者'也可作四人讲，与你原名'世仁'同音。你意下如何？"

欧阳世仁点头说："谢谢老伯指教。不知这'署'字还有别的含义否？"

老人捻须答道："老朽测算，你命该四举成名，四者甚佳。二十年后，你当在此任刺史。"

欧阳世仁笑道："谢谢老伯吉言。若果真如此，定当重谢。"

老人摇头摆手，连说："不用言谢。到时你若还记得老朽，不妨在此建一凉亭，让过往行人有个歇脚之处，老朽定会含笑九泉。"

欧阳世仁再三拜谢，说："愿老伯长寿，后会有期。"

欧阳世仁后来改名欧阳署，过了两年参加进士考试又落第，他以为老人的话不会应验了，但他仍不放弃。又过了两年，他果然考中进士，算来正好参加四次考试。到唐文宗大和九年，欧阳署从秘书少监任上调升信安为刺史。从测字老人为其改名至此时整整二十年。

欧阳署上任后，遍访老人，但无人认得。他不忘二十年前承诺，在老人摆摊测字之处建一凉亭，供过往行人休息闲坐。

趴着吃的老“鼠”

shǔ

甲骨文

金文

小篆

隶书

楷书

“鼠”字在甲骨文中是一个象形字。仔细看，像一只老鼠趴在地上吃东西的样子，旁边还有吃掉下来的食物。在金文中，原本正在吃着东西的老鼠变成了张开口露出牙齿的老鼠。

到了小篆中，“鼠”字的字形依然像一只张着口露出牙齿的老鼠，只不过它的字形比金文中更端正些，更接近于现代“鼠”字的写法。

“鼠”的本义就是指老鼠。老鼠是一种哺乳动物，它的种类很多。老鼠一般身体短小、尾巴较长。毛是黑色、白色或褐色。它们的繁殖能力很强，一胎能生好多个。老鼠有犬齿，很锋利，喜欢撕咬衣物、食物等东西。

由于老鼠总是喜欢偷吃人类的东西，还喜欢乱咬东西、传染疾病，人们十分讨厌它，所以一些与“鼠”有关的词语或事物大多含有贬义，如：鼠肚鸡肠、鼠目寸光、老鼠过街人人喊打，还有可怕的“鼠疫”。

尽管如此，老鼠却在十二生肖中排在首位。人们也塑造出很多可爱的老鼠的形象，如大家都熟悉的“米老鼠”。

老鼠在科学研究上功不可没，人们大都用小白鼠作药物或医学试验。

东晋·王羲之《淳化阁帖》

唐·李怀琳《绝交书》

看着老鼠讲『鼠』字

杨老师教学生识字，很有办法。她不光讲故事、唱儿歌，还做游戏。你看，今天语文课，她又带来个铁丝笼子，外面用布罩着，不知里面装的是什么，也不知派什么用场。

讲课前，杨老师请五个小朋友到黑板上默生字，其中有三个同学把“老鼠”的鼠字错写成“鼠”字了。错在哪里？错在最后一笔。

杨老师问：“你们为什么在这一弯钩上加两点？”

有的小朋友说：“前面两个小弯钩有两点，所以第三个大弯钩上也加了两点。”

杨老师笑笑，打开小铁笼子上罩着的布说：“来吧，让我们一边看老鼠，一边写‘鼠’字吧。”

小朋友们轮流走上讲台，仔细地观察老鼠。杨老师在黑板上把甲骨文、金文和小篆的“鼠”字写出来，对同学们说：“鼠字是象形字，你看，多像老鼠的侧影呀，上面是头，头上最突出的是牙齿，因为老鼠的牙齿最厉害。下半部是脚、腹部、尾巴。”

说到这儿，杨老师指指前面那两个小弯钩说：“这两笔表示老鼠的脚。这脚上的两点代表老鼠的脚爪子。这最后一个大弯钩呀，表示长长的老鼠尾巴。尾巴上没有爪子，怎么能加上两点呢？”

同学们一听，都张大嘴巴说：“哇，原来这样呀！”从此，同学们再也不会把“鼠”字写错了。

手持兵器在放哨——“戍”

shù

甲骨文

金文

小篆

隶书

楷书

甲骨文的“戍”字是个会意字，由“人”字和“戈”字两个字组成。

左下角的“人”字，像一个面孔朝左边的人。只不过，这个“人”字本应一撇一捺，后来那一捺随着字体的演变，变成了一点，不像“人”字了。

再看右边的“戈”字，像个长柄横刀的武器。这就是说，一名手持兵器的人在站岗放哨，守卫着大家的安全。因此，“戍”字的本义是防守边疆、军队驻防的意思。

“戍”字组成的词语有戍边、卫戍区等。

与“戍”字相似的字属于“戈”部，大部分与武器有关，但读音不同，意义不同，用法不一。

“戊”，读 wù，象形字，像长柄大斧头，古代兵器，本义为大斧，用作天干第五位。

“戎”，读 róng，会意字，本意指武器，引申指军事、战争、敌人。

“戌”，读 xū，象形字，其字形像大刀，本意指武器，现用作地支第十一位，也指十二时辰之一，相当于晚上七时至九时。

戒，读 jiè，会意字，两手持戈，本义指警戒，如：戒备。又引申为警惕，如：戒骄、戒躁。也表示除掉、禁止，如：戒烟、戒毒、戒赌、斋戒。

以上这些字很容易混淆，要记住字义，分清读音，这样才不会用错。

读者朋友若是读过《聊斋志异》，应该还记得其中那篇《狐联》。那两位热情奔放的美女，真令人难忘，特别是那一副对联，更是让人赞叹不已。

故事说的是章丘名士焦生，一日在园中读书。夜深人静时，忽然来了两位美女，她俩站在书桌旁，反复向焦生表露爱意。焦生知道这两人是狐狸精变的，说什么也不跟她俩啰嗦。

这时，有位美女说："我出个上联，你若对出来，我们马上就走，不再扰你。"说罢，轻声道："戊戌同体，腹中只欠一点。"

焦生想了半天，急得满头大汗也没对出。

另一位美女对焦生嗤之以鼻，说："我来对吧。这下联就是'己巳连踪，足下何不双挑'。"说罢两人飘然而去

让我们来细细品味这副对联吧。上联"戊戌"二字，字体相同，只差腹中一点。下联"己巳"二字笔画相似，只是最后一笔，有"有上挑"或"无上挑"。因为古时"巳"字尾笔不上挑，与"己"字就这点儿不同。

这副对联用的是拆字格，"戊戌"对"己巳"，均为干支之名，能工整到这种地步，真让人拍案叫绝。

这副对联是蒲松龄老先生假借狐精之口，讽刺当时名士的迂腐，不解风情。上联"欠一点"。欠什么？欠春意呀。如此良辰美景，在两位美人面前不解风情，多么迂腐啊。注意，这儿的"双挑"是一语双关，值得读者诸君细细品味。

在屋内燃石蒸煮——“庶”

shù

甲骨文

金文

小篆

隶书

庶

楷书

对“庶”字的来源，有几种不同的说法。

甲骨文的“庶”字是个会意字，字形像在山崖避风之处，用锅灶蒸煮之状，这是远古时代先民们的生活写照。金文大致相同。小篆使其整齐化，山崖变成了简易棚屋。隶变后楷书写作“庶”，本义为烧火蒸煮。

也有人认为，小篆的“庶”字，是个会意字，由表示房屋的“广”，读 guǎng 或 yǎn，和古文“光”字这两部分组成，本义指屋子里火光很多，泛指众多，后引申指百姓、平民。

还有人认为，甲骨文的“庶”字，是个左上包围结构的形声字兼会意字。由“广”和“火”及“石”三个字组成。左上方的“广”字是形符，表示与房屋有关，“火”和“石”为声符并会意。“石”读 shí，这三个字形组合在一起，指先民们在屋里燃石、蒸煮。因“广”有房屋义，所以作形符。

古人为什么用“火”和“石”作声符呢？因“庶”字指“以火烧石”，所以用“火”字与“石”字作声符并会意。

“庶”字的本义指烧火蒸煮。因烧火煮饭是奴隶做的事，所以又引申指奴隶，后泛指百姓、平民，如：庶民、庶人。因百姓众多，又引申指“众多”，如：庶务、富庶。

“庶”字又假借指宗法制度下家庭旁支，跟“嫡”相对，如：旧时妾所生子女为“庶出”，所生儿子称“庶子”。子女称父亲的妾为“庶母”。

“庶”字还假借指“差不多”，如但愿，表示希望、或许、也许可以或推测等称“庶几”，也说“庶几乎”或“庶乎”。

“庶”字也作姓氏用。

小名叫狗娃儿

汉语的词汇是极为丰富的，同一个名称，有多种不同的说法。就拿与百姓相同的词来说吧，有公民、人民、民众、大众、国民、平民、全民等，古代还有庶民、黎民、黎庶、细民、小民等。文化低的平民百姓，有时还弄不清楚这些称呼的含义呢。

却说明朝年间，有个识不了几个字，却有大把银子的财主，花了一大笔钱，买了个县官当。他上任没多久，有位州官下来视察，县官忙去迎接，并一路陪同视察。这州官秀才出身，自以为识字多，常在人面前卖弄诗文，以显自己学识渊博，高人一等。偏偏又碰上了这位识不了几个字的县官，两人一问一答，可谓驴唇不对马嘴，闹笑话了。

州官阴阳怪气地问："贵县风土如何？"

县官忙答道："本县近来绝无大风，也无沙土。"州官听了，莫名其妙，但没再追问。走到一果园处，又问："贵县百姓怎样？"

县官以为问果园里白杏长势如何，连忙答道："本县白杏长势喜人，红杏遍地开花……"

州官生气地说："我问的是黎民百姓！"

县官指指果园的大门说："这里面的白杏很多，银杏也不少，卑职给大人采点来尝尝？"

州官纠正道："我问的是黎庶如何？"

县官依然指着果园说："里面梨树很多啊。"

州官生气地说："我问的是细民怎样啊！"

县官想了想说："回大人，本县种瓜果蔬菜的多，种稻米的少，细米更少见。"

州官光火了，说："我何尝问你粗米细米，我是问你庶民如何啊！"

县官挠挠头皮，为难地说："本县没有细米，何来熟米啊。"

州官怒斥道，"混账！问你半天，驴唇不对马嘴。你既不懂庶民、黎民、黎庶、细民、百姓，总该知道小民吧？"

县官一听，忙高兴地迎上去，套着州官的耳朵，羞答答地说："启禀大人，本人小名叫狗娃儿。"

直立植物的总称——“树”

shù

甲骨文

金文

小篆

樹

隶书

樹

楷书

甲骨文的“树”字是个形声字。上面是“木”，作形符，表示与草木有关。下面是“对”，作声符。

小篆的“树”字是个左右结构的形声字，右边为木，左边为“对”。后来，声旁“对”草书楷化，成了今天的“树”字。

对“树”字中声符“对”字，人们有不同的解释。有人认为，古代的“对”字是个会意字，表示用手连续不断地用工具凿孔，即木匠凿孔，石匠钻岩。本义为找对凿孔的位置，即“对准”。也有人认为，“对”字表示人工培植作物，本义为草木茂盛的样子。在这里，我们只取其种植的意思，所以“树”字以“对”为声符并会意。本义指种植、栽种。

还有人认为，声符“对”有树立的意思，所以“树”的本义指所有直立植物的总称，今专指木本植物，如：树木、柳树、杨树、槐树、树叶、树林、松树、树枝、树丛、树皮、树苗、树干、树根等。

“树”字引申作动词用，指种植、栽培，如十年树木，百年树人。

“树”字由本义引申指建立、树立，如：树敌、建树、树标兵、树雄心、树碑立传。

“树”，也作姓氏用。

明·祝枝山

制谜和猜谜，是门学问，也是门艺术。制谜和猜谜高手在一起，要棋逢对手、旗鼓相当才行，否则，就会索然无味。

却说无锡有两位制谜高手，一位叫老胡，一位叫老吴。江南人“胡”、“吴”不分，就像他们制谜猜谜的水平一样，不分高下。

这天，老吴到城中公园散步，见老胡坐在长椅上，盯着假山旁一棵柳树发呆。他在旁边一屁股坐下，问：“怎么，又想到个谜语啦？说来让我猜猜。”

老胡说：“猜出来也不稀奇，我的眼神已泄露天机了。”

老吴说：“我又没看你眼睛。说吧，谜面是什么？”

老胡说：“听着，左边看是权，右边看是对，正反看一看，权对两相联。”

老吴一想，说：“这不是明摆着的树枝的‘树’嘛。依我看，你这个谜面可以简洁些，只要一句话就行了，用不着说得这么啰嗦。”

老胡虚心地问：“请你指教——哪句话？”

老吴说：“‘权对两相联’，这五个字足可表白一个‘树’字。”

老胡听罢，一竖大拇指：“高！佩服！你这叫‘技术合作，不留一手，不留一点’！”

老吴听了，扬起脖子问：“怎么，一边恭维我，一边又出了个谜语？再说一遍！”

老胡又重复了一遍，说：“猜一个字。”

这下可把老吴难住啦，他试探性地问：“你总不会还在树枝上做文章吧？”

老胡狡黠地笑笑：“你猜对一半了。”

读者朋友，你猜这是个什么字呢？

将心比心为“恕”

shù

甲骨文

金文

小篆

隶书

楷书

隶变后的“恕”字与今天的字形相似，是个上下结构的形声兼会意字，以“心”作形符，表示与人们的心理活动与思想认识有关。以“如”作声符，本义指以自己的心去推测别人的心，也就是俗话说的“将心比心”。

古人为什么用“如”作声符？因为“如”有相似、相像、如同的意思。而“恕”的本义指别人的心与自己的心相似，所以用“如”作声符兼会意。

“恕”的本义指将心比心，有以仁爱之心待人的意思，如恕道。

“恕”的本义引申指不计较，特别指不计较别人的过错，表示谅解、原谅，如：宽恕、饶恕、恕罪。

“恕”作动词用时，常用作客套话，请对方不要计较，原谅自己，如：恕不招待、恕难从命。

东晋·王羲之《淳化阁帖》

东晋·王献之《淳化阁帖》

北魏《皇甫马墓志》

元·赵子昂《停云馆法帖》

安徽九华山是中国著名的佛教圣地。在当地众多的庙宇中，有位住持和尚，人称如心大师。这位大和尚慈眉善目，深受僧人、香客和过往游人的敬仰。

这天傍晚，有个小伙子慕名而来，要求出家当和尚，并言词恳切地要拜如心为师。庙里的和尚们劝他先到佛教协会去，但他就是赖着不走。见天色已晚，如心大师说："天黑了，下山不便，今晚你就跟我在佛祖面前作一夕长谈，如何？"

小伙子一听，高兴得连说谢谢。

在佛堂昏暗的灯光下，小伙子讲了自己的遭遇。他是合肥人，中学毕业，求学不成，经商失败，婚姻受阻，于是看破红尘，要出家当和尚。

如心大师静静地听着，他觉得，眼前这小伙子的遭遇跟五十年前自己的遭遇很相似。他缓缓说道："你的这段经历，跟我年轻时相似。你我有缘呐。不过，恕我直言，你先别急于出家，先把这一段时间的人和事作一番思考，调整思路，再作努力，你会有所作为的。年轻人，能否听老衲这一忠告？"

小伙子问道："那你为何出家，为什么称如心大师呢？"

如心大师回答道："问得好。称我大师，实不敢当。如实相告，我年轻时心胸狭窄，争强好胜，无容人之心，所以到处碰壁。后经高人指点，苦读经书，方才悟出为人之道。我出家以'如心'为法号，是取'如来之心'的意思，即从如实之道而来。'如'、'心'二字合为'恕'。'恕'即如来心，恕心即佛心，只要常怀恕心，即可成佛。恕讲究宽容、宽恕。恕心博爱，宽以待人，严于律己，你只要记住这点，想必事业能有成，婚姻也能美满。"

小伙子听了如心大师一席话，有所触动。他一夜未眠，第二天一早，便告辞如心大师下山回家了。

用草编成的雨衣——“衰”

shuāi

甲骨文

金文

小篆

隶书

楷书

金文的“衰”字，是个特殊结构的象形字。字形像一件蓑衣。上面像斗笠，当中像衣服的领口，下面像草编的下垂的衣襟。小篆的字形保留草编衣服下垂的样子，但在下面另加了个义符“衣”字，用以突出其“蓑衣”之义。这种“衰”衣，如今在农村或边远山区仍可见到。

“衰”字本义指“蓑衣”，读作suō。它是“蓑”字的本字，后来借作古代一种丧服的上衣，古人在上面加了个草字头，另造了个“蓑”字来表示下雨时穿的“蓑衣”。接着，古人又另造了个“缞”字，读suō，用以表示“丧服”，而“衰”字则专门用于表示由强转弱之意，如：“衰弱、衰退、衰变”；疲惫称“衰惫”；衰落竭尽称“衰竭”；年迈体弱，精力减弱称“衰老”；衰落颓废称“衰颓”；未老先衰也是衰老之意。

“衰”字由“衰弱”引申指“事物发展转向没落”，如：没落败坏称“衰败”；一个国家或一个民族衰落以至灭亡称“衰亡”；由衰落而趋于歇业称“衰歇”；衰落、腐朽称“衰朽”；兴盛和衰落称“兴衰”；国家民族衰弱，不兴旺称“衰微”。

“衰”字是个多音字，读作cuī时，假借指“等级高低”，如：“等衰”，即“等次”。

哀衰衷裹排成行

无锡东门中学的语文组长杨清生老师，是位特级教师。他年富力强，有闯劲、有理想。他觉得，语文教学，重在字词句章。首要的是学好汉字，只有熟练地把握好汉字，才能锤炼词语，精炼语言，写好文章，否则便是无本之木，无源之水。现在的中小学生，每人有手机、电脑，查字十分便捷，但随之而来的是提笔忘字，对精美绝伦、博大精深的汉字知之甚少。

杨老师下决心加强汉字教学。他在班上成立了个“汉字教学课题组”，探讨汉字教与学的方法。他以自愿参加为原则，利用课余时间搞讲座。没料到，全班同学都要求参加，还推选金一鸣、杨莎莉为正副组长。杨老师说：“好吧。自愿参加，来去自便，不点名，不考试。”

第一次活动讲什么？杨老师征求同学们意见。杨莎莉说：“凡是字形相似的字，最容易读错、写错，像戊（wù）、戎（róng）、戌（xū）、戒（jiè）、戍（shù）……”

杨老师看着这四个字说：“这些字都是古人造字方法中最常用的形声字兼会意字，它们都跟衣服有关。这个‘衣’字就是形符，所不同的是‘衣’字当中所夹着的字。这些字，有的是表示读音，是声符，也有的还表示意思，既当声符，也当形符。这就是形声字兼会意字。你看这‘哀’字，读 āi，表示哀悼时有人痛哭失声，用嘴巴哭，还用衣角擦眼泪；这个‘衷’字读 zhōng，就是衷心、衷情、言不由衷的‘衷’；这个字读‘裹’（guǒ），指用衣服把东西裹起来，这就是包‘裹’；这个字读衰 shuāi，指由强变弱，逐渐衰老；金一鸣同学还漏写了‘褒’字，读 bāo，用来指表扬，嘉奖，例如褒奖。”

金一鸣问：“有没有什么办法区别它们呢？”

杨老师想了想说：“‘褒’字‘裹’字好记。‘哀’字你只要记住一口咬破衣裳就哭啦。‘衰’字呢，你只要记住当中的‘中’字倒下来后就衰败啦……”

同学们交头接耳讨论起来。杨老师趁此机会写了一段顺口溜。

哀衰衷裹排成行，看看面孔都很像。
形符声符会意字，其实当中不一样。
大家都是穿衣裳，哀字有口哭声响。
哀字当中变成保，就是褒奖受表扬。
哀字当中多一横，变成衰字就衰亡。
哀字当中多一竖，诚心诚意诉衷肠。
哀字口儿变成果，收到包裹喜洋洋。

不用的东西扔掉——“甩”

shuǎi

隶变后的“甩”字是由“用”和“乚”两部分组成,这是个指事字。

金文和小篆的“用”字是个象形字,是个像木桶或钟一类的器物,本义指桶。桶是干什么用的呢?是供盛东西使用的,所以“用”字假借为使用的意思。

“用”,为“使用”。下面的“乚”即用来指事。指什么事?那一弯钩儿表示不用的东西丢弃掉。“甩”的本义是“扔”、“丢”,如:扔手榴弹,也称甩手榴弹。

“甩”也有抛开的意思,如:甩开、甩得远远的。

甲骨文

金文

小篆

隶书

楷书

[瓦当欣赏]

秦汉瓦当

甩刀杀人

“甩”与“用”就差下面一点点拐弯儿。这一点点拐弯儿，就像把“用”字的最后一笔，向后扔了出去。别看这一点点拐弯，区别可大呢，有时竟是性命攸关。

说来有个故事。明朝万历年间，绍兴有个壮士，因忍无可忍，用刀砍死了当地的一个恶棍。壮士用刀杀人，当判死罪。有位讼师，认为他是为民除害，存心救他。于是，在整理诉状时，将“用刀杀人”中的“用”字，稍稍向后添了一点拐弯，变成了“甩”字。

“用刀杀人”，那是故意杀人。而“甩刀杀人”，那是误伤，属“过失杀人”，这样，罪就轻多了。讼师笔下轻轻一个拐弯儿，救了壮士的一条命。

手持两只鸟——“双”

shuāng

甲骨文

金文

雙

小篆

雙

隶书

楷书

古代的“双”字写作“雙”，是个上下结构的会意字。上面是两个并排的“隹”字。古代的“隹”字读 zhuī，这是个象形字。甲骨文的“隹”字像跳跃的小麻雀，本义指“短尾巴小鸟”。两个小鸟并排，表示一对小鸟。下面的“又”字表示手。这两个字形组合在一起，指一只手捉住一对小鸟。隶变后的楷书写作“雙”，如今简化为“双”，成了两只手了。用两只手来表示一双手。

“双”字的本义指“手持两只小鸟”。由本义引申指两个、一对、一双，如：父亲和母亲称“双亲”；两层或指两方面的称“双重”；成对的或两方面都具备的称“双全”;双方都得益,称“双赢”。双边、双打、双关、双轨、双簧、双生、双声、双手、双喜、双响、双枪、双胞胎、双管齐下、文武双全等，都指“两个、一对”。

“双”字由本义引申指“偶数”,如:正的偶数指二、四、六、八等,跟单数相对,叫“双数”。双日、双号、盖世无双等,都指“双数”。

“双”字还引申指“加倍的”，如：双份、双料。

“双”字作量词时，用于成对的东西，如：一双鞋、一双手、一双袜子。

“双“字也作姓氏用。

南京有个乌江镇，跟安徽接壤，一条小街横贯两省，过了桥，便是安徽和县了。在和县地界有条河，称作乌江。当年楚汉相争，楚霸王项羽战败，自刎于乌江，就在这儿。据说，后世曾有人在此建一庙宇，名曰“将军庙”，庙内供一塑像，一位将军横刀立马，威风凛凛。这是楚霸王后代为纪念先祖而建造的。

到了明朝万历年间，此庙已破败凋零，很少有人来凭吊祭祀了。有位项羽后人，千里迢迢，寻访到此，看到这番景象，不由十分感伤。他提笔在墙上写了一上联：

孤山独庙，一将军横刀匹马。

这一上联，表达了这位项羽后人，对先祖的怀念与敬仰之情，也不无惋惜悲凉之意。最为巧妙的是，他用了一连串的数字来叙事抒情。而且这些数字都是单数，所指的都是“一”。“孤”“独”“一”“横”“匹”这五个字都指单数，特别是“匹”字，就作“单独”使用。

也许，这位项羽的后人过于伤感，或因行色匆匆，未及写出下联便走了。

过了若干年，有位喜欢访古探幽的书生，来到这座古庙里。他看到墙上依稀可辨的上联，不由思索起来。他在庙外的乌江边来回走动，寻词索句。他见江边系着一条小船，两位老渔翁，一个坐船头，一个坐船尾，面对面地坐着在钓鱼。他触景生情，来了灵感，便磨墨提笔，在墙上写出了下联：

两岸夹河，二渔翁对钓双钩。

下联所表现的数字都是双数，指的是“二”。这位书生用了“两”“夹”“二”“对”“双”五个字来表述，这与上联对仗工整、恰到好处、一气呵成，堪称一副绝佳对联。

双手持火把——“爽”

shuǎng

甲骨文

金文

小篆

隶书

楷书

金文的“爽”字是个“大”字——也就是“人”字形，腋下有两个火球状的图形。小篆的字形也是从“大”——也就是“人”字，两边是四个“ㄨ”,表示分布明白的样子。这些都是会意字,表示明亮。

“爽”由“明亮”的本义，转化为明朗、清凉，如:爽朗、爽目、秋高气爽。

清凉爽朗，使人感到舒服，如：凉爽、身体不爽、神清气爽。

“爽”还有爽快、直爽、豪爽的意思，如：人逢喜事精神爽。

“爽”也有差错的意思，如：毫厘不爽、屡试不爽。

“爽”也有违背的意思，如：爽约（失约）。

不过，有人对“爽”字另有一番解释。郭沫若认为，甲骨文的“爽”字是个象形字。它像一个哺乳期的妇女，胸部是两个鼓胀的乳房——也就是有人认为那是两个火把的形状。乳房充满乳汁,做母亲的会感到憋胀难忍,这就是不爽。而孩子也许夭折了——这在古代是常有的事。乳汁没有孩子来吸，时间一久，奶水喷射而出，这时，做母亲的会感到一阵舒服，这就是爽。既有直爽、爽快的意思，也有舒服、神清气爽的意思。对这一说法，见仁见智，各有评判，我们也不妨当作一种解释。不过，现在人们常常把痛快、舒畅、满意、高兴、兴奋、得意概括为一个字：爽！

人逢喜事精神爽

元宵节，爷爷带着亮亮到街上买灯笼。

爷孙俩来到桥头，看到卖灯笼的小贩收拾摊子，正准备挑起剩下的几个灯笼回家。爷爷说："还没卖完就要收摊啦？"

小贩听了，一脸高兴，说："今天生意出奇得好，灯笼就剩这两挂了，不卖了，打算回家自己挂。"说罢，挑起担子就走了。

看着小贩远去的身影，爷爷忽然对亮亮说："爷爷教你识个新字。"说着，拾起根树枝在地上写了个"爽"字，说："亮亮，你瞧这个字的字形，像不像刚才那个卖灯笼的小贩？一个人肩上挑着两挂灯笼，浑身上下都透着高兴劲儿。真是人逢喜事精神爽啊！"

这下，亮亮就记住"爽"字的写法和用法了。

蜿蜒曲折的河流——“水”

shuǐ

甲骨文

金文

小篆

水

隶书

水

楷书

“水”字是一个象形字。

在甲骨文中，它的字形像一条流动的河流：两边是岸，中间的河流蜿蜒曲折，很有美感。

在金文中，“水”字基本上继承了甲骨文“水”字的字形，在笔画上显得更加柔软优美。到了小篆中，“水”字已经开始接近于今天的写法了。

“水”的本义是以雨的形式从云端降下的液体，无色无味且透明，落地后形成河流、湖泊和海洋，是一切生物体的主要成分。

“水”字也是汉字的一个部首，变成“氵”，俗称三点水。从“水”的字，或表示江河或水利名称，或表示水的流动，或水的性质状态。在现代汉语里，“水”既可以指河流，如：汉水、淮水；也可以指普通的水，如：河水、井水、自来水；也可指汁液，如：汽水、药水、墨水、橘子水；也指洗的次数，如：这床单洗了三水也没褪色。

“水是生命之源”，水在我们生活中发挥着极其重要的作用，离开了水，人类无法生存。但是水一旦多了，也会给人类带来灾难，这就是水患、水灾、洪水。“大禹治水”的故事就与治理水灾有关。

关于水的成语有：水到渠成、水滴石穿、水落石出、水性杨花、水乳交融、水泄不通、水涨船高等。

清朝道光年间，京城有家酒店的老板，为了多赚钱，经常往酒里兑水，捞取不义之财。

这天，一坛掺过水的酒卖完了，店老板让儿子再取一坛来。儿子搬来以后，店老板不知道儿子有没有掺水，但又不好当着顾客的面直接问，便拐弯抹角地说道："有没有'留住江西'呀？"

"江"字的西半边是"氵"，留下来就成了"水"字，这是店老板在问儿子酒里掺水没有。儿子当然明白他老子的意思，忙点头答："留住了，留住了。"

正巧，顾客里有位读书人，听出了话里的名堂，拔腿就往外走。店老板赶紧拉住他，问他为什么要走，读书人笑着回答道："你都把江西留下了，我还留在这里喝水吗？"

说罢，转身走了，从此再也不来了。

眼皮下垂打瞌“睡”

shuì

甲骨文

金文

小篆

隶书

楷书

小篆的“睡”字是个会意兼形声字。

当“睡”字作形声字时，“睡”字左边的“目”是形旁，表示意思。右边的“垂”（chuí）是声符。

当“睡”字作会意字时，“目”表示眼睛，“垂”字是下垂的意思。当合起来讲，“睡”就是指眼皮下垂。人的眼皮下垂，就是表示打瞌睡的意思。

根据古书对“睡”字的解释，“睡”的本义指坐着打瞌睡，这与今天的“睡”的含义不太一样。现在的“睡”字多指躺在床上舒舒服服地睡觉。有的人还要套上睡帽、穿上睡袍、戴上眼罩。

现代汉语中“睡”就是闭上眼睛躺下来休息。睡眠、睡梦、午睡、熟睡、沉睡都是睡觉。

“睡莲”是一种植物，它生长在浅水中，根茎较短，通常浮在水面上，花有白色、黄色、红色。

宋·黄山谷《三希堂法帖》

元·张雨《三希堂法帖》

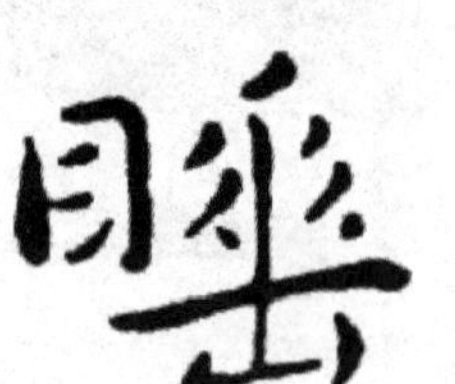

明·祝枝山《三希堂法帖》

明·董其昌《三希堂法帖》

是醉还是睡

民国年间，天津有位书法家名叫胡天成。此人不仅字写得好，还会吟诗作赋，为人又幽默风趣，很有人缘，所以天南海北的朋友众多。

胡天成人很胖，大腹便便，以至行动不便，很少出门，大都是朋友上门来看他。

一天，胡天成的好友李子良来访。这李子良爱喝酒，常常喝得酩酊大醉，找不着回家的路。有一次，竟抱着酒瓶在河边草地上睡着了，此事在朋友中传为笑话。

这次见面，胡天成以往事为例，想了句上联，说：“老弟若能对得出下联，我就把这副对联裱好了送给你！”

李子良连忙问：“此话当真？”

胡天成说：“绝无戏言。但你要对得工整，让我开心。”

李子良说：“包你开心。说上联吧。”

胡天成一字一句地说：“酉卒是醉，目垂是睡，李先生怀抱酒瓶河边卧，不知是醉还是睡？”

李子良边听边想，盯着胡天成的大肚子又看了好一会儿，一拍巴掌说：“有了，听着。月长为胀，月半为胖，胡大师挺大肚皮书房坐，不知是胀还是胖？”

这下联对得天衣无缝，又很风趣。

胡天成连声夸妙，站起身挥笔写下了这副妙联。

从头到脚像河流一样"顺"畅

shùn

甲骨文

金文

小篆

隶书

楷书

金文和小篆的"顺"字，都是左右结构的形声字兼会意字。右边的"页"字作形符，表示跟人的头部有关，左边的"川"字作声符，读 chuān。两形合一，指"人从头到脚像河流一样顺畅。"

形符"页"字在古代是个象形字，形似人头部的侧影，所以用来表示人头部，也代指人。

古人之所以用"川"字作声符,因甲骨文的"川"字是象形字，形似一条弯弯曲曲不断流淌着的河流，本义指"河流、水道"，所以用来作"顺"字的声符并会意。"顺"字的本义指"向着同一个方向，很顺畅"。

也有人认为，古代的"顺"字是会意字，以"页"字和"川"字组成，表示人的思路像水流一样顺畅，本义为"顺应、依顺"。

还有学者认为，"顺"字是会意字，由表示"头"的"页"和表示头发的"川"两部分组成,合起来指头发,本义指"沿着同一方向"。

也有学者认为,顺字中的"页"指人的颜面,象征某一个方向。"川"字代表河流，象征流水，指一个人办事，能看清历史潮流的趋向，顺应历史潮流而动。识时务者为俊杰，此为"顺"。

以上各种说法,并没有什么冲突,都把"顺"字的本义,定位在"顺畅"二字上，如:顺当、顺风、顺溜、顺路、顺水、通顺、一帆风顺。

"顺"字由本义引申指"沿着、遵循",如:顺延、顺着、顺理成章、顺流而下。

"顺"字假借指"趁便、随着"，如:顺便、顺带、顺势、顺口、顺手、顺口溜、顺手牵羊。

"顺"字又假借指"服从,不违背",如:顺从、顺服、顺民、恭顺、归顺、平顺、温顺、教顺；由此又引申指"适合"，如：耳顺、心顺、眼顺、风调雨顺、名正言顺;由此又引申指"整理"，如:理顺、把杂物顺一顺；还假借指"依次"，如：顺序、顺延、顺次。

"顺"字也作姓氏用。

三分利就算到顶了

民国晚期，上海的工商业已相当发达。国内国外，各式各样的商人，都想在上海站稳脚跟，开拓自己的事业。温州有位珠宝商，名叫须金富，在霞飞路开了家“金富金银首饰店”。不知为何，近日遭人暗算，几条金项链被人像变戏法似的弄走了，没留下任何痕迹，连报案都难。

须老板心有不甘，特地到外白渡桥找测字名家刘汉文，看原因何在，有何对策。

刘汉文雅号刘字痴，在测字行当中，可谓沪上第一名。须金富和刘字痴是老熟人，见面后便说明来意，从口袋里摸出一枚铜钱放桌上，并倒指着铜钱上的“顺”字说：“就因为近日连连不顺，所以我有备而来，就请先生为我测个‘顺’字，看我财气究竟如何。”

刘字痴摸着铜钱，漫不经心地说：“你财气很旺，十分圆满呀！”

须老板惊讶道：“我吃了大亏，还圆满呀？”

刘字痴指着铜钱说：“此物外圆内方，有天地交泰之意。我见你刚刚倒指着‘顺’字，这可算是手到(倒)即顺。所以我说你财气旺而圆满。”

须老板跺着脚说：“可我近日确实不顺呀！”

刘字痴说：“一年三百六十五天，有一两天不顺，就呼天抢地，你须老板也太沉不住气了吧？你姓须，‘须’把曲水引直方为‘顺’。你须老板经营金银首饰，有无掺假行骗之事？含金量是否充足？这枚铜钱外圆内方，亦有不成规矩难成方圆之意，君子爱财，取之有道嘛。做生意要遵纪守法。偷走你项链的人，也许买过你的假货，现在是来报复你。你要想兴旺发达，只有以诚信为本，广结善缘呀。”

须老板面有愧色，解释道：“其实我赚的利也不多，每件赚五分上下啊。”

刘字痴说：“我虽不买金银，但买些柴米油盐。按‘顺’字来测，右为‘页’乃‘顶’字之半，左为‘川’，横看为‘三’，意为三分利就到顶了，你要赚五分利，难怪遭人暗算了。”

刘字痴这番不客气的话，使须老板很尴尬，他丢下几元钱，悻悻而去。

眨眼之间——"瞬"

shùn

甲骨文

金文

小篆

瞬

隶书

楷书

小篆的"瞬"字，是个左右结构的形声字兼会意字。左边的"目"字旁是形符，表示跟人的眼睛有关。右边的"舜"字是声符，读 shùn。这两个字形组合在一起，指"一转眼之间"，时间很短暂。

古人为什么用"舜"字作"瞬"字的声符呢？古代的"舜"字指一种蔓生植物，这种植物朝生夕陨，即早晨刚生长，到晚上就枯萎了。它的植物学名叫"木槿"，因它存活时间短暂，而"瞬"字有转眼之间的意思，所以"瞬"字用"舜"字作声符并会意。

"瞬"字的本义指时间极为短暂，仅仅为一转眼之间。如：一转眼之间，或眼睛一眨称为"瞬间"；一瞬间称"瞬时"；一眨眼一呼吸的短时间称"瞬息"；形容在极短的时间内变化既多又快可用"瞬息万变"；一刹那之间便消失了称"转瞬即逝"。

无锡梁溪谜语研究会的朋友相聚，欢迎一位老朋友入会，他就是会长马汉文的文友，年近七十了，名叫赵振南。赵先生在四川工作五十余年，如今落叶归根，回无锡安度晚年。他感慨地说："一瞬间，五十年过去了，我从小伙子变成老头儿了。"

众人听了，难免有点伤感。年轻的小陶，见在座的老头子们情绪有些低落，他为了转移话题，对"瞬"字评头论足起来："最近我看了几本中国原始社会发展史，有所感触，特别对尧舜禹这三位祖先有了更深刻的认识。刚刚赵老说的'瞬'字，又引起我一番思考。"

众人听了，催促道："有什么见解就一吐为快吧，别卖关子了。"

小陶说："好多书认为'瞬'字的声符'舜'字指一种蔓生植物，学名'木槿'，因朝生夕殒，变化快，所以用来指'瞬'字是一眨眼之间。我觉得这种说法值得商榷。"

周其良问："以你说，该作何解释呢？"

小陶毫不犹豫地说："依我看，这'舜'字就是指古时部落首领舜。他接替尧的帝位，励精图治，重新修订历法，多次举行祭祀仪式，巡视各地，考察民情，制定刑罚，取得了辉煌成就。舜年老时，又将治水有功、威望最高的禹确立为继位者。可见舜是个上承尧，下启禹的关键人物，是个有能力、有智力、有魄力的领袖，大公无私的贤人。"

赵纪方打断小陶的话，问道："你歌颂舜跟'一瞬之间'的'瞬'字有何联系呢？"

小陶说："这位贤能的帝王，能适应瞬息万变的变化，在极短的时间里处理好纷纭复杂的事务，所以用他的姓来表示一刹那的时间呀。"

马汉文说："关键是要考证'舜'字的本义。"

小陶说："我看了不少资料。有人认为'舜'字是指'木槿'，也有人认为是指上古帝王舜。这'舜'字是'爰'字头，'舛'字底，这个'舛'读chuǎn，是个会意字，指趾尖相反的两只脚，本义指'相违背，相矛盾'。也就是说，舜是个充满仁爱之心的人，又是个能从充满矛盾的事务中理顺关系的人，说他是个贤人、能人，所以才写作'舜'。也正因为此，才用'舜'字作'瞬'字的声符……"

小陶据理力争，说得在座的人点头称是。

用话来表达思想——“说”

shuō

甲骨文

金文

小篆

隶书

楷书

对“说”字的解释有好几种。有人认为，古代的“说”字是个会意字。由“讠”（言）和“兑”两部分组成。“言”字表示言语，指所说的话。“兑”表示读音，读 duì，兼表义。因为“兑”有喜悦的意思，所以“说”的本义指喜悦。由“喜悦”，引申指谈论、陈述、叙述。

也有人认为，“说”字是个会意兼形声字。以“言”字和“兑”字作形符，“兑”字作声符兼表义。“言”字，表示与言语有关。“兑”字的下部是“兄”字，像一个人张大嘴巴。而“口”上是个倒“八”字，像一股气从口中舒出。总之，像一个人在张口吐气。“言”、“兑”组合，就是张口说话，本义指用话来表达思想。由此又引申指解释，如：说白、说唱、说道、说定、说明、说笑、陈说、明说、难说、戏说、说谎、说法。

“说”字又引申作名词用，指所讲的话。再引申特指主张、言论，如：学说、著书立说、有此一说。

“说”字还引申指劝告、责备等意思。挨批评就是“挨说了”；“爷爷说了他几句”，就是爷爷批评了他几句。

“说”字也引申指通过语言使建立某种联系或关系，如：说婆家、说媒、说对象、说合、说客、说情、说项、说和。

“说”字是个多音字，读作 shuì 时，常指说服，通过劝告使别人接受自己的看法，如：游说。

“说”字作书面语用时有些情况下读作 yuè，同“悦”字，表示喜悦、喜爱的意思。

现在有句话叫“讨个说法。”也就是遇到不公平的事，要讨个“公道”。这儿的“说法”，指处理问题的理由或根据。

却说南京有个房地产开发商，在江北建了几幢小高层。工程完工后，欠工程队一百多万元工资，这可是几十名农民工的血汗钱啊。眼看着快过年了，农民工却拿不到工资。农民工中有个小伙子陈晓光，虽然只有初中文化，但能说会道，对维护自己权益的事儿也略知一二。在众多工友的推荐下，他当上了大家的代理人，跟开发商直接交涉，为大家讨个说法。

这天，陈晓光单枪匹马，走进开发商的办公室。开发商抬头瞄了他一眼，不耐烦地说：“我不是说过了吗，工钱我会给的，我说话算数！”

陈晓光有备而来，从口袋掏出纸和笔递给开发商，轻声说：“我没别的要求，只请你为我写个‘说’字。”

开发商迟疑了一下，随手在纸上写了个“说”字，斜眼问：“怎么，这个说字能抵一百万工资？”

陈晓光温和地说：“先生，你知道‘说’字是什么意思吗？请你看看，左边是‘言’字，右边是‘兑’字——‘兑’字，懂吗？‘兑’是兑现的意思。你说过的话要兑现，不能空口说白话。空口说白话，就是不兑现，你说的等于没说。”

开发商发觉这小伙子不温不火，探不到底儿，不由有点害怕了。他为难地说：“我手头紧，一时拿不出钱来。”

陈晓光将开发商推到窗口，指指楼下停着的宝马轿车说：“你既然这么说，那我们就‘骑’上你的宝马，到法院去一趟，如何？”

这时开发商头上冒汗了。他不得不暗下决心，卖了宝马，筹钱还工程款，否则大批农民工来讨债，弄得自己声败名裂，说不定会被逐出南京房地产市场呢。

心脑并用——“思”

sī

甲骨文

金文

小篆

隶书

楷书

在古代，人们误认为心是人的思维器官，所有思考、思想都是在心里面发生，所以有关思想、意念和情感方面的字都带“心”字。

随着科学技术水平的提高，人们的认识也有了变化。人们渐渐地认识到，人的大脑才是具有思维功能的器官。

小篆的“思”字是个上下结构的会意字。上面是个“囟”字。“囟”字指婴儿头顶骨未合缝的地方，这是个象形字，像人头顶骨的形状，中间交叉的地方为囟门。用囟脑门和心结合在一起，就表示心脑并用，这就是考虑、思考，也就是“思”字的本义。

“囟”字后来变成“田”字，这是书写的变化，应该说，“思”字与“田”无关，而是与“脑”有关。

但也有人认为，“思”与“田”大有关系。当古人把“心”作为思维的唯一器官时，认为人的心理活动就像在田里种庄稼一样，有个繁杂的过程，很辛苦，但也会有结果。

“田”是“思”的广阔天地，所以“思”字的本义也是思考、考虑。

“思”是考虑、思考，如：寻思、前思后想、深思熟虑。

“思”有想念的意思，如思念。

“思”考的线索是思路，也就是：思绪、文思、思维。

汉《礼器碑》

思耕心上田

清朝时湖南邵阳县有位学者，名叫魏源，这人从小就博学多才，聪明绝顶。

魏源九岁那年，到邵阳县城参加童子试。临考前，监考官想试试他，看他能不能参加考试，就提出要出个上联，让他接个下联，看看他的才能究竟如何。魏源说："恩师请说上联。"

监考官略一沉思，出题道："闲看门中月。"当时繁写的"闲"字门里是个"月"字，写作"閒"，后来作为异体字，用到现在。

魏源听了，环顾左右，见远处农田里有农夫在耕田，他马上说出了下联："思耕心上田。"

耕耘"心"上"田"就是"思"啊，这下联对得真是妙极了。监考官连声夸赞："好！妙！奇才！奇才！"

人走向尸骨——“死”

sǐ

甲骨文

金文

小篆

死

隶书

死

楷书

在甲骨文和小篆中，“死”字是个左右结构的会意字。有人认为，“死”字的左边是“歹”，右边是“匕”。“歹”，指歹徒、恶人，“匕”是带刃的短刀，现称为匕首。一个人被歹徒用匕首刺中身亡，这就是“死”。“死”与“斯”同音。“斯”表示“这儿”或“这个”，也表示“死”。“斯”左边为“其”，可代表任何事物，当然也代表人。而右边的“斤”，是古代砍伐用的工具，就是如今的斧头。当生命被斧砍时，那必死（斯）无疑了。所以“死”的本义是生命终止。

也有人认为，“死”字的左边，代表尸骨；右边的“匕”不是匕首，而是个“人”字，而且代表活人，表示活着的人在悼念死去的人；或是活着的人在走向尸骨。也可理解为人总是在逐步走向死亡。

从这个字里，我们看到了先民对“死”这一含义的深刻理解。“死”，就是生命结束，也就是死亡。这就是“死人”、“生死”。

“死”，又转义为拼命、顽强、坚决，如：死战、死拼、死守、死干。

既然死了，就不动了，也就不灵活、不流动了，如：死水、死脑筋、死心眼、死气沉沉。

“死”，又引申为不通的，如：死路、死胡同、把路堵死了。

“死”，又表示不能相容的，如：死敌、死对头。

“死”，表示生命的终止，也就是表示到了极点，如：气死了、笑死了、恨死了。

清朝末年，上海某道台幕下有位姓郁的师爷，和附近寺院里的和尚交情极好。后来道台调升贵州布政使，郁师爷被留在了当地，就此失业。

一天，郁师爷的儿子患了重病，为了给儿子治病，郁师爷欠下了一大笔债。郁师爷知道那个和尚存有不少钱，便去借。谁知和尚是个势利眼，当初师爷是道台跟前的红人，才巴结他，如今他已落到如此地步，躲都来不及，哪里会借钱给他。当下就把脸板了下来，一口回绝说："我除了几卷破经书，根本就没有值钱的东西，你还是找别人借吧。"

郁师爷吃了闭门羹，不由心灰意冷，只得变卖家产，暂时渡过难关。

几个月后，新道台上任，重新聘请了郁师爷。那和尚见此情景，立即见风使舵，又和郁师爷称兄道弟起来。

郁师爷不动声色，挥笔写了一行字："一夕灵光出太虚，化身人去意何如？"和尚刚想赞好，可是仔细一琢磨，顿时满脸通红，灰溜溜地走开了。

原来，"一夕"是个"歹"字，"化"字去"人"是"七"字。这"七"也可当"匕"字，这几个字合在一起是个"死"字，郁师爷这是在骂和尚呢。

拳头外部轮廓形状——“四”

sì

甲骨文

金文

小篆

隶书

楷书

“四”字是个表示数目的字。

在最早的甲骨文中，“四”字是用四横来表示的，就像横放着的四根筹码。就跟一、二、三一样，是指事字。

小篆的“四”字，成了四方形，里面两撇拖下来。有人考证说，这表示人的鼻子在用力呼气。所以“四”字最早的本义是气息、呼气，后来假借用来表示数目。

也有人认为，后来的这个“四”字是象形字。像什么？像一个人伸出的拳头，五指卷曲，大拇指裹在四个手指之内。这拳头面对他人时，就像个“四”字。你看，拳头的外部轮廓，就像“四”字的方框，中指和无名指就像中间的那两竖。细细品味，这一说也蛮有道理。不过这个“四”字的本义则是表示数目。

“四”表示数目，如：四世同堂、四斤、四个人；也表示序数，如：第四名、第四天。

“四”也表示数量多，如四分五裂。

东晋·王献之《淳化阁帖》

北魏·郑道昭《郑文公下碑》

唐·颜真卿

宋·米芾《草书帖》

数字拆字谜

在成千上万的谜语中，有不少以汉字字形为主的字谜，制谜者煞费苦心，猜谜者动足脑筋。在制谜与猜谜的互动过程中，能把这些字搞得生动形象，让人永远难忘。

有一首拆字诗谜，值得大家品味：

百万军中卷白旗，天边有财无人知。
秦王折了余元帅，痛骂将军失马骑。
吾被人言欠口信，辛苦无干自叹息。
毛女受刑捏腰斩，分尸不得带刀劈。
一丸妙药无人点，千载络须一撇离。

这十句诗是谜面。谜底是什么？我们不妨一句一句地分析：

第一句，说的是“百”卷掉了“白”，剩下的是“一”；第二句，“天”字里没“人”，剩下“二”；第三句，说的是“秦”字去掉“余”字，剩下“三”；第四句，说的是“骂”字去“马”，“骂”的繁体字为“罵”，上面是个“四”字，下面是个“马”，去掉“马”，剩下的是“四”；第五句，“吾”去“口”，剩下“五”；第六句，“辛”字去掉“干”，剩下的是“六”；第七句，“毛”字当中分开，下半部是个“七”字；第八句，“分”字去掉“刀”是“八”；第九句，“丸”字去掉一点，剩下的是“九”；第十句，“千”字去掉一撇，剩下的是“十”。

这首谜语诗，说的是一二三四五六七八九十。

官员办公地——“寺”

sì

甲骨文

金文

小篆

隶书

楷书

金文的“寺”字，上面是个“止”字，下面是个“又”字，这是个形声字，“止”是读音，“又”表示一只手，本义是以手把持的意思。这个“寺”就是“持”字的本字。后来“寺”用于“寺庙”的“寺”，就另造了个“持”字表示把持、持有。

小篆的“寺”字，是个形声兼会意字。上面原来是“止”，后来变为“土”，是声符。下面是“寸”。“寸”表示法度，做事要有规则和分寸。法度是由官员掌握的，官员办公的地方就是官府，所以“寺”的本义是古代官员办公的府廷，也就是官署，如一些朝代的中央司法机关就叫大理寺，皇帝管理祭祀等礼仪的机关叫“太常寺”。

“寺”转义为佛教出家人居住的庙宇，如:寺院、寺庙、碧云寺、金山寺、寒山寺。

唐·柳公权《玄秘塔碑》

清朝大画家郑板桥，最爱游山玩水，每到一处，若是有寺庙，必定进去求香拜佛，还要拜访住持和尚，谈经说佛，论诗作画，少不得还留下墨宝。

这天，郑板桥在泰山游览，路过一小山村，村头有座古寺院，寺院大门旁有一条单联：

寸土为寺，寺旁言诗，诗云：明月送僧归古寺。

郑板桥站在寺院门口，盯着这上联，仔细品味。他觉得此上联极有文采。“寸土”是自我谦虚，说这儿是小地方，“寸土”合起来是“寺”字；而“言”、“寺”合起来是“诗”字；“明”字当中还带个“月”字，最后又回到“寺”字。在这当中用了拆字、顶真的手法，描绘了一个颇有诗意的境界。

正当郑板桥在沉思时，住在寺院里的老和尚出来了。他一见郑板桥，便施礼道：“施主请进屋用茶！”

郑板桥还礼道：“不忙。待我对出下联，讨杯茶喝，可否？”

说罢，郑板桥转身沿山路而去。他一路走，一路思索。时值深秋，路旁有不少砍下的树木，东倒西歪。郑板桥触景生情，想出了下联：

双木成林，林下示禁，禁曰：斧斤以时入山林。

这下联用的也是拆字、顶真手法，突出了“林”字、“禁”字，还顺带说出“斧”字中包含“斤”字，与上联相对。十分可贵的，这下联的“斧斤以时入山林”，还有封山育林、保护环境的意思，比上一句更为高明了。

两人说的话相“似”

sì

甲骨文

金文

小篆

似

隶书

似

楷书

在金文和小篆中，“似”字是个形声字。它以左右两边的两个“人”字作形符，当中的“厶”（sì）作声符。

金文的左上方是“厶”,作声符。左下方是“口”,右边是“人”,两者合在一起作形符。“口”代表人们说的话。“人”表示会说话的人，两者结合在一起，就意味着事物像人们共同使用的语言那样统一、相似。

小篆的“似”字左边是“人”字作形符;右边的“那一弯钩”是“厶”的变形，作声符。

“似”的本义是相像、类似、相似，如：似是、近似。

“似”由相似转义为好像，如：似乎、似欠妥当、如饥似渴。“似是而非”指好像对，实际上并不对，如：这句话似是而非，要认真分析。

“似”也表示超过，如：他的身体一天好似一天。

“似”也读shì，组成“似的”（shì de），作为助词，用在名词、代词或动词后面，表示跟某种事物或情况相似，如：像血似的那样红，仿佛到了仙境似的，急得什么似的。也作“是的”。

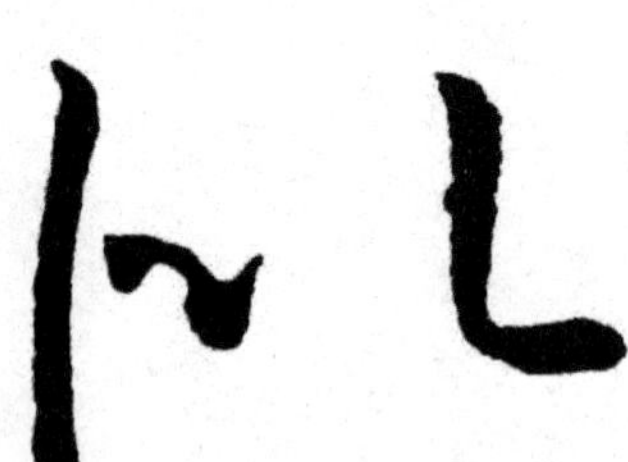

唐·孙过庭《书谱》

宋·米芾《三希堂法帖》

却说南京有一对好朋友，一个叫吴元，一个叫李子平。两人都是球迷，也是猜谜爱好者。他俩在一起，不是谈足球，就是互相出谜猜谜。

这天，两人到五台山体育场看一场足球冠军争夺战。他俩早早地进场坐下，只见几个球员在场地上热身，踢球训练。

老李触景生情，当场出了个字谜，要老吴猜。谜面是“三人踢球，一人倒钩”。

老吴盯着球场，琢磨着，用手在膝盖上比画着，开动脑筋，寻找谜底。

球赛正式开始后，有位球员倒挂金钩，踢进一球。这时，全场掌声雷动，欢呼声一片。老吴猛地醒悟，在老李手心写了个“似”字。老李会心一笑，点头称是。

这“似”字左右两边各是个“人”字，当中还有一个人字，共有三个人。当中这个“人”字是倒着的，上面一点像足球。两者结合，如一人倒挂金钩在踢球。

这一字谜，把绿茵场上激烈的争夺场面，描绘得有声有色。

[瓦当欣赏]

战国画像瓦当

长长的头发——“肆”

sì

甲骨文

金文

小篆

肆

隶书

楷书

对“肆”字的解释，有不同的说法。

有人认为，小篆的“肆”字是个左右结构的形声字。左边的“镸”字为形符，在这儿读 cháng，是“长”的繁体字，右边的“隶”字为声符，读 lì，也读 dài。“肆”字的本义指“长长的头发”。甲骨文的“镸”字是个象形字，状似一个头发很长，手拄着拐杖的老人的侧身形状，本义指距离长短。所以“镸”字用在“肆”字中，本义指头发长，后引申泛指长短，由此又引申指“极、极其”。还引申指像长发那样陈列、铺陈，由此又引申指陈列了许多物品的店铺。又引申指走极端、不受任何约束，纵情恣意，也就是人们常说的“放肆”、“肆无忌惮”。

也有人认为，古代的“肆”字是个形声字兼会意字。“长”为形符，“隶”为声符，读 lì。两形合一，指“极力铺设”，铺设必定很长，所以用“长”为形符；又因为“隶”字是“逮”字最早的写法，这“隶”也有“竭力以赴”的意思，所以“肆”字以“隶”字为声符并会意；这“隶”字在隶变后变为“聿”字，“肆”字的本义指“极力陈设”。由本义假借指“店铺”，如：茶肆酒楼。因为人们在酒楼设宴时往往摆出很多美味佳肴，也有极力陈设的意思；因为是极力陈设，由此再引申指“放纵、任意”，这就是“肆意妄为”。

还有人认为，古代的“肆”字是个形声字兼会意字。以“聿”与“镸”作形符，“镸”兼声符。在金文中，这个字就是“聿”字。“聿”读 yù，“聿”是手执笔的形状。手执笔，把自己的思想一条一条地写出来，本义指“陈设”，引申为“陈设出来给人看”。但这一说法欠准确，声符定位似不妥。《说文解字》的解释是“极陈也。从长、聿声”。

以上解释，各抒己见，各有侧重，但最终还是回到当今我们常用而又熟悉的含义。“肆”字有“不顾一切，任意妄为”之义，如：任意残杀或迫害、起破坏作用称“肆虐”；肆意扰乱称“肆扰”。在某些书面语中，“肆”字用来指“铺子”。

“肆”字是“四”字的大写，作数词用。

在中国历史上，有一段魏晋南北朝时期，从魏文帝曹丕算起，到隋朝建立，大约经历了三百六十年。曹丕为了巩固自己的势力，实行了“九品中正”这一选拔官吏的制度。“中正”，即有名望的推荐官。人才的等级由他们评定，分为九个等级，不同等级的人担任不同的官职。这一制度始于曹魏，发展成熟于两晋，衰落于南北朝，废除于隋朝。从隋朝开始，实行科举制度，采用科举考试的方法，就是通过乡试、会试、殿试这层层考试来选拔人才，任命各级官员。就这样，大批读书人苦读诗书，参加考试，希望榜上有名，考中举人、进士、状元之类，能当上高官，光宗耀祖，过上荣华富贵的日子，所以读书人特别看中每一场考试。

却说明朝世宗年间，苏州吴县有位叫王文世的秀才，参加完乡试后，就急着去找测字名家马守愚，看能否考中头几名。

王文世说明来意，特地写了“肆”字求测。因为他在家排行老四，“世”“肆”同音，故测此字。

马守愚看着“肆”字，仔细端详，好一会，开口说道：“你写的这‘肆’字，左右分开，当中空隙太大，成了两个字。左边这长（cháng）字只有半截，不算长，说它是长（zhǎng）字吧，又长不大。这个字是跪相，半屈着腿，伸展不开。可见你这次考试，文才没充分显露啊。”

王文世听了，心里发慌，问：“可有希望？”

马守愚有条不紊地说：“再看这右边的‘聿’（yù）字，你说它像‘書’（书）吧，它却没有尾巴，你说它像‘筆’（笔）吧，它又没有头。无头无尾，当然不能考中第一，但也不会落在榜末。依我看，你这次名次居中。尽管左边的‘长’字有跪相，苍天也怜你一番苦心诚心，让你名次居中。”

王文世转忧为喜，说：“我刚刚心急慌忙，字没写好。”

马守愚指着“肆”字最后一笔说：“这倒无妨。你最后一竖拖得很长，且有分量，可见你后劲很足呢。”

王文世听了这番话，喜得合不拢嘴，丢下碎银，乐颠颠地走了。

头发蓬“松”

sōng

甲骨文

松

金文

松

小篆

隶书

楷书

繁写隶书和楷书的“松”字是个上下结构的形声字。

上面的“髟”，表示长头发，乱糟糟的，蓬蓬松松。下面的“松”字是读音。后来简化为“松”。

“松”的本义是指头发蓬乱，如：蓬松。

因为头发是蓬乱的，不是整齐的，所以引申为不紧密、稀散，如：松散，这包书捆得松。

由于不紧密、稀疏，所以又引申为不紧张、不严格，如：轻松、松弛、松松垮垮。

松了，就意味着放开，如：松手、松绑、放松、宽松。

我们日常吃的肉松、鱼松，就因为其形状细碎，如同绒毛一样而得名。

其实，说到“松”字，还必须说金文和小篆中另一个“松”字，这是个左右结构的形声字。左边从“木”，表明这个字与树木有关。右边从“公”，是“松”的读音。这个“松”的本义指叶子像针形的松树，如：松林、松针、迎客松。

因为这个“松”字成了繁写的“松”字的声符，同音假借，后来简化为“松”，两者合二为一，这个字的用途也就更广了。

十八年后当为公

元朝大德年间，保定有一个叫丁固的人，一天夜里，做了一个奇怪的梦：他梦见天地之间什么都没有，只有一棵大松树。

大梦醒来，丁固左思右想不得其解，于是便向别人请教，可没有一人能解释出来。

过了十八年，丁固做了大官，位至三公，人们这才恍然大悟。原来他当年做的是一个有关“松”字的梦，因为“松”字拆开，正好是“十八公”。

“十八公，十八公，十八年后当为公”，这便是丁固之梦的涵义。

一个人，梦见松树并不奇怪。奇怪的是，这位丁大人十八年后当了大官，位居三公。“十”“八”为“木”，“木”“公”为“松”，最后归结到“松”字，与十八年前的梦相符。这也许是巧合，也许是喜爱测字解梦的人编造出来的传奇故事。

鼓动人干坏事——“怂”恿

sǒng

甲骨文

金文

小篆

隶书

楷书

小篆的“怂”字是个形声字。左边和右上部为“从”字。右下角为一个“心”字。后来“慫”字简化后为“怂”。

“怂”字的形旁为心，表明这个字与心理活动有关。“从”为声旁，表示读音。

“怂”字的本义是心理上惊慌恐惧。后来引申为表示从思想上鼓动别人去做某种事，一般说来，大都指去干不好的事，如“怂恿”。

[瓦当欣赏]

秦汉瓦当

对“怂”字，有一段“一字短信”的爱情故事。

李先生和王女士，都是年过半百的人了。李先生离异，现独自一人，王女士丧夫，也是寡居。经热心人说合，几次接触，双方都较满意。经半年多交往，已准备筹办婚事了。可就在这节骨眼上，有人告诉李先生说，曾看到王女士与一同年男子在公园约会，神态亲密，不知是何关系。

李先生听了，不由暗暗着急。他担心会不会又找个像前妻一样的女人。如何探个究竟呢？总不能直接去问吧？ 捕风捉影，问错了，多尴尬！再说，那样问也有失风度。

李先生是位大学教授，对中国文字颇有研究。他灵机一动，拿出手机，给王女士发了条短信，只有一条字：“怂”。意思是：你心上有两个人吗？

王女士是位语文老师，一看便知这个字的含义。她也晓得，那天在公园陪远道而来的堂弟游玩时，被人误会，立即给李先生回了个短信，也是一个字：“您。”意思是：我的心上只有你一个人。

手指一摁，电波一传，两个字将两颗心连结得更加紧密了。

争论是非求公断——“讼”

sòng

甲骨文

金文

小篆

隶书

楷书

古代的“讼”字是个左右结构的形声兼会意字。左边的“言”字，表明跟讲话言论有关。右边的“公”读gōng，表读音。其本义指争论是非曲折，如：聚讼、争讼。

争辩必须讲话，所以用“言”旁。

声符“公”字，是个会意字。上面的“八”表示相背；下面的“厶”是“私”字，表示与“私”相背，这就是“公”。所以“公”有“公正”“公平”的意思。综合起来，“讼”就是争辩是非曲折，以求公正、公平的论断。故用“公”作声符兼表意。

争论是非的双方，往往无法定断，就得让国家专门机构来评判，做出决断，这就是诉讼，也就是打官司。古时，有些人专门帮人打官司，这些人称为“讼师”。与诉讼有关的词，还有：词讼、涉讼、听讼等。

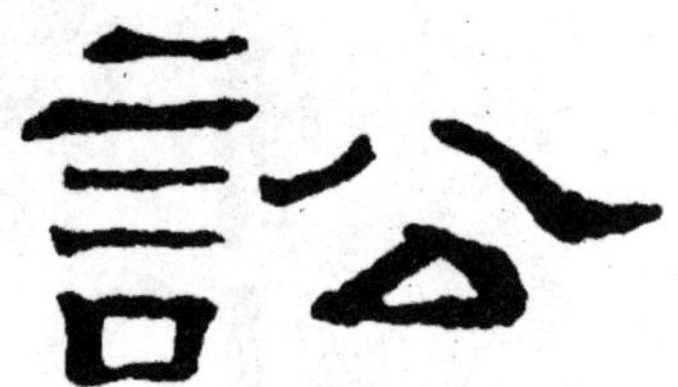

《隶辨》

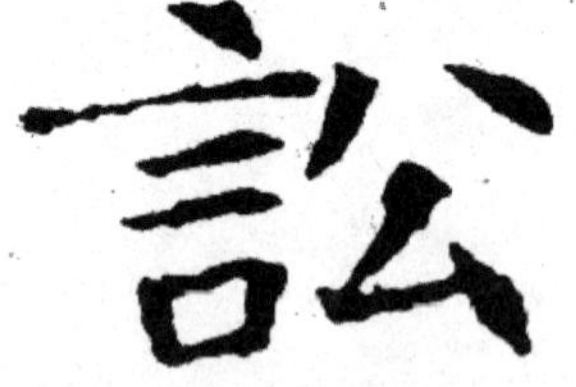

隋《苏孝慈墓志》

唐·怀素《圣母帖》

关于“讼”字，有这么一段故事。

据《评释巧对》记载，明朝万历年间，昆山有位学正跟一位穷秀才争产业，告到官府里，打起了官司。

学正，在宋、元、明、清时，是国子监所属的学官，管理地方学校的学官也称学正。

这学正与秀才打官司，引起百姓关注。县官在审案时特别谨慎。经双方辩论，县官审理，最后学正败诉，秀才打赢了官司。

打完官司，县官当堂出了一上联，要双方对出下联。

上联是：学正不正，诸生皆以为歪。

学正一听，气得低着头，不作回应。秀才对县官施礼道：“晚生的下联是：相公言公，百姓自然无讼。”

“相公”一词，用处可大可小。古代称宰相为相公，也将上层社会的年轻人称为相公。在这儿，是对县官的尊称。

此联属拆字联。县官的上联斥责学正不正，“不”、“正”二字合成个“歪”字。秀才就着县官的意思对出下联，赞扬相公言公，“言”、“公”二字合成个“讼”字。上下对仗工整，天衣无缝。

值得一提的是，秀才感激县官，赞扬他秉公断案，说如都能像他这样说话公道，老百姓就不用打官司了，言词恳切，毫无阿谀奉承之嫌，这也是秀才的高明之处。

房屋周围的树木——“宋”

sòng

甲骨文

金文

小篆

隶书

楷书

甲骨文和小篆的“宋”字，是上下结构的会意字。上面是宝盖头，表明这个字跟住房有关。下面是“木”字，可理解为树木。屋子里不可能长树木，这树木是在屋的四周。

“宋”的本义是周朝诸侯国“宋”国，在今河南商丘一带。

为什么用“宋”字作国名？难道当时商丘一带树木繁茂、绿树成林？这也未可知。

也有人认为，这“宋”字是会意字，由“宀”和“木”组成。“宀”表示与房屋有关。“木”，不是指的树木之木，而是指木头制作的家具，如床、椅子、桌子之类。房屋里有家具，表示这里有人居住，所以“宋”的本义为居住，后同音假借用作国名。

“宋”字，除了作为姓氏用，主要作朝代名称用。宋朝（公元960~1279年）为赵匡胤所建，分为“北宋”和“南宋”，合称为“宋”。

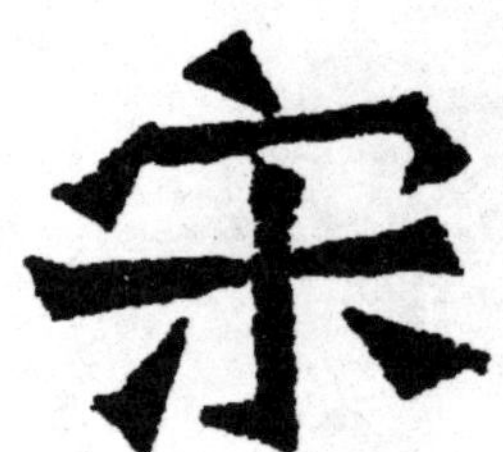

北魏《孙秋生造像记》

唐·颜真卿《忠义堂帖》

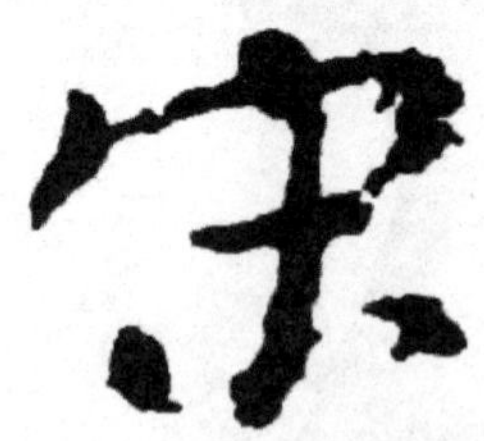

唐·颜真卿《争坐位稿》

元·鲜于枢《三希堂法帖》

有关“宋”字，有这么一段历史故事。

南宋灭亡后，名士郑思肖隐居到苏州乡下，自号“忆翁”，表示对宋朝的思念。

有一天，画家赵子昂去拜访他。他因赵子昂身居元朝的要职，心里十分不满，就让仆人传话给赵子昂，说要想见他，就得先把门匾上四个字的隐义猜出来。

赵子昂抬头一看，只见匾上写着“本穴世界”四个大字。他细细一琢磨，不禁满脸羞愧，不声不响地离开了。

原来，这匾上“本穴”二字是郑思肖用猜谜术的移位法写的。他把“本”字下面的“十”移到“穴”里，便是“大宋”二字。赵子昂做了元朝的官，当然没有脸面走进“大宋世界”了。

从昏迷中复“苏”

sū

甲骨文

金文

小篆

蘇

隶书

楷书

“苏”字的繁体字有两个，一为“蘇”，二为“甦”，后假借，共同简化为“苏”。

先说“苏”。传统繁体字的“苏”,是个形声字。上面是草字头，表明这个字与草木有关,“稣”作声符,读sū。本义指一种植物“紫苏”。中医学认为，紫苏能发表散寒、理气宽中。

再说“甦”字,它由“更”和“生”组成。“更”的本义是改变、改换。“生”是草木萌芽出土,表示生长。重新生长,所以这个“甦”就有复苏、苏醒的意思。

还必须说一说简写的“苏”。它是由草字头和“八”、“力”三个部分组合而成的。草字头指草本植物，在这儿特指前面说的紫苏。“八”字的两画向两边分开，表示散发。“力”，表示用力，也就是手的功能。这个“苏”字的本义也就是指有散发功能的紫苏。

“苏”字的来历虽然复杂，但用处并不多，主要表示“苏醒”、“死而复苏”。也指须状下垂物，如“流苏”。常用的是地名，指江苏的苏州，以及与苏州相关的“苏绣”。

“苏”，是江苏的简称。

“苏”，是一个姓。

宋·米芾《三希堂法帖》

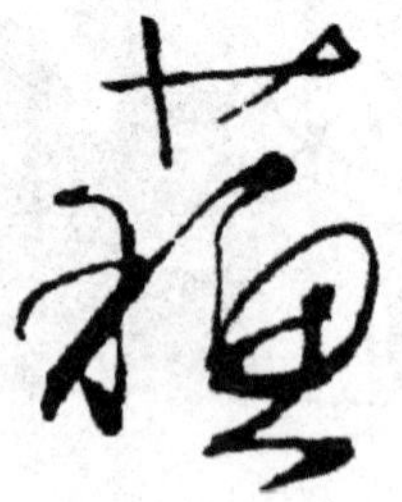

明·文征明

北宋词人秦少游是苏东坡家里的常客，时间久了，与苏东坡的胞妹苏小妹也熟悉了。

有一天，秦少游和好朋友晁补之到苏东坡家赴宴。酒过三巡，苏东坡关心起秦少游的终身大事。秦少游支支吾吾地说，早就看上一位才貌双全的小姐，就怕高攀不上。

苏东坡说："没问题，只要你说出是哪家闺秀，我保证为你牵线搭桥。"

秦少游想了想，笑着说："那我就出个字谜，请你猜一猜。"说罢，要来纸笔，当即填了一首诗："园中花，化为灰，夕阳一点已西坠。相思河，心已碎，空听马蹄归。秋日残红萤火飞。"

苏东坡一推敲，立刻猜出了谜底，忍不住哈哈大笑："原来是她呀！放心吧，包在我身上。"

晁补之听得稀里糊涂，急忙追问。苏东坡回答道："花化为灰，剩一个草字头；夕阳去点，是个"夕"思无心，是田；马剩蹄，只有四点了；秋残日，是个禾。把它们合起来，不就是我家姓蘇的'蘇'字吗？他看中的人，正是我家的苏小妹呀！"

精心绘画认真严“肃”

sù

甲骨文

金文

小篆

隶书

楷书

对“肃”字的来源，有两种不同的说法，差异很大，但很有趣。

繁写的“肃”字写作“肅”，笔画多，而且复杂，写它时，几乎要照原样临摹才行。

一种说法认为，繁体字的“肅”，是个会意字。它的上面是“聿”，在古文字中，像一个人手里拿着巾。下面是两个“爿”字形的字，只不过一个朝左，一个朝右，两字相对而立，其实这是古代的“渊”字。这表示人蹲在深渊旁洗涤毛巾之类的东西。试想，在一个深不可测的水边洗东西，肯定是非常小心，战战兢兢。所以“肃”字的本义指恭敬，如：肃静、肃穆、肃然起敬、严肃。后来又引申为清除，如：肃清。这种解释，未尝不可。

另一种解释则完全不同。有学者从金文和小篆的字形分析，认为古代的“肃”字是由“聿”和下面的一个复杂图形构成的。“聿”像手拿着的书写工具，如毛笔之类，下面是一幅图案。整个意思是一个人手里拿着笔，在精心地描绘一幅精美的图案。这是个会意字。后来简化为“肃”。

我们知道，写字、绘画是细心的活儿，要沉着、仔细，并要怀着恭敬之情，才能写好字、画好画，这就有严肃、肃静的含义了。

相比之下，这一说法，与“肃”字的本义更为接近些。

明朝末年，天下大乱，各地农民纷纷起义，其中有支队伍的首领名叫张献忠。

却说这一天，张献忠来到一座山头。当地山民在折一座破庙时，挖到一块石碑，就抬给张献忠看。上面刻着这样一首诗："造者余化龙，折者张献忠。吹箫不用竹，一箭贯当胸。"

张献忠看了，心里闷闷不乐，尽管不知道前三句是什么意思，但最后一句总不是什么吉利话，这连不识字的人也能听出来。

第二天，张献忠骑着马带着部下去巡视军情，谁知半路竟遇到一队清兵，领队的乃是肃武亲王。他一见张献忠，立刻弯弓搭箭，"嗖"的一声，射中了张献忠的胸口。

张献忠应声落马，没等手下来救他，就一命呜呼了。

事后，迷信者才如梦初醒，原来"吹箫不用竹"这句话，指的是肃武亲王的"肃"啊。

这个故事记于野史，说得有鼻子有眼，好像真的一样。不过谁能保证，这不是后人编写的一段文字故事呢？

跟在后面的是“随”从

suí

甲骨文

金文

小篆

隶书

楷书

小篆的“随”字，字形很复杂，笔画多得眼花缭乱。把它简化一下看，左边是走之旁“辶”，表示这个字与行走有关。右边是“隋”，表示读音。后来简化为“随”，简化的部分主要在右边的声符“隋”，这是个形声字。

古人之所以用“隋”为声符，是因为“隋”是“堕”字的简省写法。这个字读 duò，有从上往下落的意思，含有顺其自然往下落的意味，所以用“隋”作声符并会意。“随”的本义是跟着，如：随同、跟随、追随、随从。

跟着别人，就有顺从、顺着的意思，如：随顺、随风倒、随风转舵。

顺从于别人，也就意味着由着别人，有任凭的意思，如：随意、随他去、随波逐流、随大溜、随遇而安、随心所欲。因为由着别人、任凭别人，所以就不讲条件，有不拘、不论的意思，如：随处、随时、随地。

“随”，还有顺便的意思，如：随带、随口、随手关门。

“随”，也有紧接着、马上的意思，如：随后、随即、随叫随到。

考证起来，这“随”字跟另一个“隋”字有关。

这“隋”字古代也是个形声字，其中有“月”字，这叫月肉旁，表明这个字与“肉”有关。外面部分是声符，读作 duò。其本义是祭祀时剩下的肉。

“隋”又读作 suí，为朝代名称，也作姓氏用。两个读音不同的“隋”是同形字。

有关“隋”字，历史上有过杨坚改“随”为“隋”的故事。

公元580年，杨坚夺取了天下，准备建国称帝。

因为杨坚原来受封随国公，所以他想把国号定为“随（隨）”，可转念一琢磨，这个“随（隨）”字里面有个“走”字，这“走”字东奔西跑，四处游动，变化莫测，多不吉利呀，江山得坚固如磐，怎能“随波逐流”呢？想到这儿，他提笔将“随（隨）”字中间的那个“走”给画掉，改为“隋”。

次年二月，杨坚正式登基，一个新的朝代——隋朝开始了。

士卒敲石头——“碎”

suì

甲骨文

金文

小篆

隶书

楷书

古代的“碎”字,是个左右结构的形声兼会意字。左边的“石”字,表示这个字跟石头有关。右边的“卒”(zú)字是读音。

“碎”的本义就是磨石头,也有人把“碎”字解释为石头破碎。“碎”的本义不管是磨石头也罢,石头破碎也罢,都表示把一块完整的东西破裂成一片一块的意思,也就是破碎的意思。常用的词汇有破碎、打碎、粉碎。

破碎了就是碎屑、细碎、零碎、琐碎。“碎”,也可用来形容看不见的东西,比如语言,如:嘴太碎、闲言碎语。

在“碎”字中,这“卒”字表示什么?有无表意作用呢?

甲骨文的“卒”字像件衣服,这衣服上加有类似“×”的符号。小篆的“卒”字,也是从“衣”,上面的一横表记号。这是什么记号呢?对此有两种说法。一是认为这是奴隶穿的上衣。还有一种说法是制衣工作已结束的符号。这个“卒”字是个指事字,其本义指古代供奴隶穿的一种衣服。古代供驱遣差役的奴隶的社会地位很低,后来指当兵打仗的士兵为士卒、小卒、马前卒。

合理地想象一番,这“卒”与“石”连在一起,何尝不可理解为派遣这些士卒去敲石头,使其成碎石头?

也有人认为,古人之所以用“卒”作声符,是因为“卒”有死亡、破败的意思。完整的变成零碎的也有破败的意味,所以以“卒”为声符并会意。

石卒相合心已碎

南宋年间，京城有个善测字的人，名叫谢石，深受皇帝宋徽宗的信任，被封为“承信郎”。

谢石在宫中当承信郎的时候，不知怎么得罪了大奸臣秦桧，被发配到岭南。

谢石被一个差人押着，一路往岭南走去。途中，谢石愁眉不展，想不到自己一生给人测吉凶祸福，却无法预测自己的未来，到头来竟落得如此下场。

这天，谢石被差人押着，来到一个小镇。他忽然看见路边有一位手拿测字招牌的术士，不由心想：既然我测不出自己的凶吉，不如请他帮我测测吧。于是，叫住那个术士，写了一个“石”字，递了过去。

术士看了一眼，问与谢石同行的是何人。同行的是负责押送谢石的校尉，他面无表情地回答道：“我只不过是朝廷的一个小卒，算不得什么。”

术士听了，叹了口气，对谢石说：“先生，‘石’与‘卒’相合为‘碎’，看你心已碎、家已碎，此行不是好兆头啊。”一席话，说得谢石泪如雨下。此时，他不由想起若干年前，在江苏丹阳街头闲逛时，遇到一位道姑。这道姑为他拆“石”字时曾说过“客官名石，为名不成，得召而退，逢皮则破，遇卒则碎，好自为之”。如今，他被朝廷一位小卒押着，正应验了“遇卒则碎”啊。看来，自己此去是穷途末路了。

后来，谢石果然如此人所言，未能被赦免，死在了岭南。

鬼怪作“祟”害人

suì

甲骨文

金文

小篆

隶书

楷书

古代的“祟”字，是个上下结构的形声字兼会意字。下面的“示”字是形符，表示跟神灵鬼怪有关。上面的“出”字是声符，读 chū。这两个字形结合在一起，指鬼神出来作怪，危害到人。

有人说得更具体形象，认为“示”字指“土地神”，故“祟”字以“示”为形符。又因“出”字有向外走的意思，土地神本在地下，现在从地下走到地面，到人间作祸，所以“祟”字的本义指“鬼怪害人”。

且不管“示”字是不是指土地神，但凡由“示”字组成的汉字大都与鬼神、祭祀、祝愿有关。用在“祟”字中，指的也是鬼神。

“出”字是个会意字，上面像一只脚趾向上的脚，下面像一个土坑，合起来指脚从土坑里走出来，所以“祟”字用“出”字作声符并会意。

“祟”字的本义指“鬼怪害人”，如：偷偷摸摸，不光明正大称“鬼祟”或“鬼鬼祟祟”。

“祟”字也用来比喻坏人或不好的思想意识捣乱，妨碍事情顺利进行，这就是“作祟”。

“祟”字跟“崇”字字形相似，很容易搞错。“崇”字读 chóng，指山的高大。

“祟”字也作姓氏用。

无锡南门有片旧城区，将近三百多户居民，面临拆迁。

在拆迁工作开展之前，上级相关部门向街道办事处发了个文件，严格规定，在拆迁前，不许抢搭简易房屋，以此骗取拆迁费。凡在发出通知后盖的房屋，一律不予承认。在该通知发出之前已盖的房屋，根据实际情况，酌情处理。

按理说，接到这个通知后，应及时向居民宣布。但街道办事处的办事员小胡脑子犯糊涂了，他想到了住这儿的铁杆小兄弟周永正，便特地去告诉周永正："这儿马上要拆迁了，你抓紧搭个披间，到时多算点面积，我利用休息日，把文件压两天。你快动手，千万莫对任何人说，传出去我要倒霉的！"

周永正听了，立即行动。但手头钱不够，就去找老爸周其良商量。周其良一听，脸色大变，问："是不是要加入谜语研究会的那个小胡？"周永正点头称是。周其良教训儿子道："这种违法乱纪的龌龊（wò chuò）事，我们能干吗？"想了想，又说："你把小胡带到西水茶楼去，就说我请他喝茶，谈他加入谜语研究会的事！"

周其良到了茶楼，在小包间坐下，不一会，儿子带着小胡赶来了。

小胡情知不妙，低头不响。周其良先谈了几句加入谜语研究会的事，然后单刀直入，对小胡说："你和永正亲如弟兄，这我很高兴。但再要好，也不能脱了帽子忘了脑袋呀。人在做，天在看，将来这事儿传出去，你丢饭碗，我们也见不得人啊。我刚刚在琢磨，你们要干的事儿叫'作祟'，这'祟'字上面是'出'字，下面是'示'，古人造这个字的用意是上天的指示被压在下面出不来，于是就出现了怪现象，要出事儿了，迷信的说法就叫'鬼作祟'。一旦鬼作祟，便会给人带来祸害，所以人们才把暗地里干坏事，不光明正大的称为'鬼鬼祟祟'。你们放着光明正大的人不做，为什么做这些鬼鬼祟祟的事呢？贪这几个钱能富贵一辈子吗？"

说到这儿，周其良也不管这两人听明白了没有，抬腕看看手表说："小胡，你快回去，按规矩向你们领导汇报上级指示，不能耽搁啊。"说罢，他又狠狠地教训儿子："你若敢搭违建，我就亲自动手扒了它。"

举镰刀收割庄稼——“岁”

suì

甲骨文

金文

小篆

隶书

楷书

甲骨文的“岁”字是个会意字。由表示兵器的“戉”字和“步”字组成。“戉”字读 yuè，象征镰刀。这两个字形组合在一起，表示手持镰刀，迈开大步，去收割庄稼。“戉”也兼表读音。

金文的“岁”字与甲骨文大致相同，只是反过来，调了个方向。小篆将“戉”字改为“戌”，这个字读 xū。隶变后的楷书写作“歲”，后简化为“岁”。

也有人认为，甲骨文的“岁”字是个会意字，字形像用大斧斩断人的两只脚的形状。远古时代，有肢解人和牛羊来祭祀神灵的习俗，意思是“肢解人畜”。金文的字形由甲骨文演变而来，隶变后楷书写作“歲”，本义指“肢解人畜”。

还有人认为，“岁”字的本义指“木星”。但以上两种说法，析义都不准确，所解释的是引申义。

“岁”字的本义指“收割”，由此引申泛指一年的收成，也指年景。古代一年只收割一次，所以又引申指“一年”，如：一年的最后一天称“岁除”；年底称“岁末”；一年的开始称“岁首”或“岁初”。年月也称“岁月”；岁暮、岁修、辞岁、去岁、守岁、早岁、卒岁等，都指“一年”。

“岁”字由本义引申指“一年的农业收成”，如：收成不好的年份称“歉岁”；收成好的年份称“丰岁”。

“岁”字由本义还引申指“计算年龄的单位”，如：岁数、年岁、万岁、虚岁、足岁、周岁等。

“岁”字也作姓氏用。

在汉字或词语中，有许多字和词，读音相同或相近，人们把这称之为“谐音”和“谐声”。古往今来，在对联、谜语、民歌、童谣及许多文字游戏中，文人雅士或广大群众，利用谐音这一创作手法，写出了不少令人拍案叫绝的佳作来。

“谐音”这一创作手法，不仅用在文字游戏中，供人娱乐，博人一笑。历史上，有许多仁人志士，以忧国忧民之心，利用谐音，抨击黑暗，揭示真相，创作出许多发人深省、鼓舞人心的作品来。

民国初年，军阀混战，当政者各霸一方，鱼肉百姓，又大肆粉饰太平。那时，苛捐杂税多如牛毛，百姓生活一贫如洗，而当政者又大喊“民国万岁”，宣称“天下太平”。

那时，四川有位进步文人名叫刘师亮，被人称为“四川一杰”。据说，他当过私塾先生，也当过讼师，经过商，是个富有正义感又疾恶如仇的人。刘先生精通文字，善作诗词，他将当时官方常喊的“民国万岁”和“天下太平”，以谐音各改一字，组成一幅四字短联：

民国万税

天下太贫

他将“岁”改“税”，“平”改“贫”，虽只改动两字，且读音基本未变，但意义却大不一样。这一改，由褒奖变为贬低、由歌颂变为痛斥，读了大快人心，一吐胸中怒气。

系于子下就是“孙”

sūn

甲骨文

金文

小篆

隶书

楷书

甲骨文和小篆的“孙”字是个左右结构的会意字。左边是个小孩子的形状。右边像一束丝的形状，也有人认为这是绳子，表示相互连接在一起。“子”，就是儿子，小于儿子的一辈就是孙子，“系于子下即为孙”。右边这“系”后经简化为“小”，成为“孙”。这个简化字可当作会意字，若理解为“比儿子小的就是孙子”，换句话说就是“比子小”也就是“子”、“小”二字合为“孙”，也言之有理。

还有人认为，繁写的“孙”字右边绞丝旁，除了有连接的意思之外，还有一层意思，就是像丝一样，长长的，连绵不断。意为继儿子之后，子孙后代永不断绝。这个观念，一直延续至今。

“孙”的本义，指儿女的子女，如：孙代、孙子、儿孙、徒孙、子孙、长孙、祖孙、徒子徒孙。

“孙”，由本义假借指植物再生或蘖生的，如：孙竹、稻孙。

“孙”还是一姓氏。

魏·钟繇《宣示表》

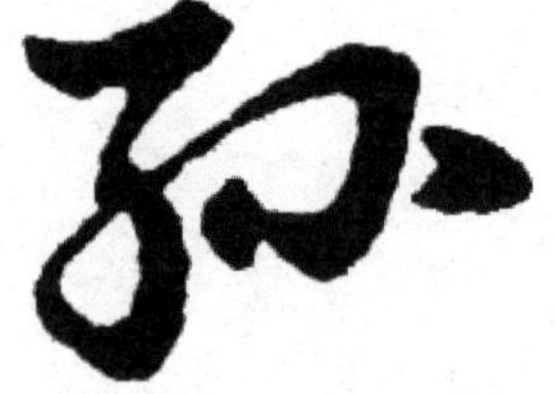

晋·索靖《出师颂》

苏北阜宁县城有近百位喜欢谜语楹联的朋友，成立了一个协会，每月在素有阜城小外滩之称的河滨公园聚会，交流各自新制的谜语或对联，让文友们相互评判，共同欣赏。

这天，协会的负责人老张领来两位中年汉子，介绍说："这两位大家都不熟悉，他俩申请加入本协会。今日他们用字谜自报家门，看谁先猜出来。"

身材高大的中年人说："我是阜宁人，在外当兵十五年，今年刚转业回来。我的姓，只有四个字'转业到厂'。"

接着，另一位中年人热情洋溢地说："我是外省人，来阜宁创业，成了阜宁人。我的姓，是一首古诗的第一句，'孔雀东南飞'，请大家猜一猜。"

二人说罢，文友们便冥思苦想起来，会场上鸦雀无声。过了好一会儿，有人大声叫道："第一位复员军人，喊你严大哥，对么？"

这位转业军人站起来，行了一个军礼："朋友，谢谢你，你猜对了，我姓严。"

原来，"转业到厂"，就是把"业"字倒转过来加到"厂"字上，成为"严"字。这是离合谜中的倒转法。

第二位的姓氏直到两个小时后，才有位老先生试探性地问道："第二位，是孙先生么？"

孙先生立马叫道："对，猜对了！佩服！佩服！"

这"孔雀东南飞"，应理解为"孔"、"雀"二字东南部分飞去了，也就是消失了。汉字是方块字，按上北下南、左西右东来定位，"孔"的东边去"竖折弯钩"；"雀"的南边去下面的"隹"字。这两部分飞走了，剩下的是"子"和"小"，合起来不就是"孙"么？

竹子的嫩芽——“笋”

sǔn

甲骨文

金文

小篆

隶书

楷书

古代的“笋”字写作“筍”,是个上下结构的形声字兼会意字。上面的竹字头是形符，表示跟竹子有关，下面的“旬”字是声符，读 xún。两形合一，指竹子初生时的嫩芽。

古人为什么用“旬”字作“筍”字的声符呢?

甲骨文的“旬”字是个象形字。上面是个交叉的记号，表示由此开始，下面外长内曲，表示周而复始，本义指“周而复始，十天为一旬”。“旬”字用来指十天，而笋生长迅速，十天就很显著了，所以人们常用“雨后春笋”来形容新事物大量出现，足见其成长之快。也正因为这样，所以“笋”字用“旬”字作声符并会意。楷书的形体由小篆演变而来，写作“筍”。这个字在 1955 年作为异体字被淘汰，而原先的异体俗字“笋”作为正体使用。有人认为，这个“笋”字从“竹”从“尹”。这“尹”字像手持竹杖，表示笋是长成后能用来做手杖的竹子。这样说不无道理。

“笋”字的本义指竹子的嫩芽，如：笋干、笋瓜、笋尖、春笋、冬笋、毛笋、竹笋。

“笋”字由本义引申指像竹笋的东西，如:芦笋、石笋、莴笋。

一个『笋』字 两个宰相

在古代众多的测字名家中，有位高手名叫郑仰田。郑仰田是福建惠安人，生于明朝万历年间。他的测字风格以想象力丰富著称。

明神宗末年，朝廷准备任命韩蒲州、刘南昌二人为左右宰相，但一直没定下来。当时有位叫叶福唐的退休官员，恰好闲居惠安，他听说郑仰田测字灵验，于是上门求测，看朝廷选相的结果究竟如何。

郑仰田问："你测何字？问何事？"

叶福唐说明来意，并提笔写了个"笋"字，说道："我有两个朋友，都想得一官，不知能如愿么？"

郑仰田看了看"笋"字，又盯着叶福唐看了看，回答道："先生有备而来，坐下便写了个'笋'字。依我之见，这'笋'字大有讲究啊。"

叶福唐急忙摆手，解释道："我今日来，路过竹林，恰逢阵雨。雨后春笋，在竹林生长，发出'叭叭'响声。我见春笋长得飞快，有感而发，这才写'笋'字求测，并无他意。"

听叶福唐这一说，郑仰田笑笑："先生有备而来，胸有成竹也无妨，英雄所见略同嘛。我就字测字，就事论事。这'笋'字是竹字头，形似两个'个'字，下有一个'尹'字。尹者，宰相也，你的两个朋友，大概都可能到京城当上宰相吧？"

听他这一说，叶福唐心中暗暗称奇，又问结果怎样。

郑仰田想了一会，说："'笋'下面的'尹'字，似'君'字却没有口，表明君主不开口，此事难成。"

叶福唐又问："何时能成？"

郑仰田说："你的两位朋友要想拜相位，只有等到君不成君的时候才行。"

所谓"君不成君"，是"君主去世"的一种委婉说法。不久，明神宗重病，他在弥留之际，下达了任命二人为相的诏书。

这个测字故事，既说了郑仰田将"笋"字拆解得合情合理，也道出了他审时度势，具有一定的政治敏感性。

T
一字一世界
漢字魔方

第三人称代词——“他”

tā

甲骨文

金文

小篆

隶书

楷书

有人认为，古代的“他”字是个左右结构的形声兼会意字。左边的单人旁作形符，表示与人有关。右边的“也”字作声符。

“也”字，在古代与“它”字是同一个字，都像蛇的形状，表示蛇。甲骨文的“他”字画的是一个人脚下踩着一条蛇，以人的一只脚指代人。远古时代，河流密布，雨水充足，灌木丛生，是蛇类的天堂。生活在这种环境里的先民，常常被毒蛇咬伤致死。古人见面第一句话就是问：“碰到它了吗？”这就像今天的问候语：“吃饭了吗？”“你好啊！”这里的“它”，就是指蛇，所以都用蛇来作指代物，金文写成一个人一条蛇。总之，“他”字在古代兼作人称和物称的代词，本义指别的，其他的。

也有人认为，金文的“他”字，上面是个“止”字，也就是人的脚，更确切地说是左脚。下面像蛇形，指“蛇”。小篆形体由金文演变而来。本义指蛇。这个本义被后来另造的“蛇”字取代后，“他”字被借作第三人称代词，指男性，如：他们、他俩、他们的。

“他”字由本义引申指别的、另外的，如：他处、他乡、他人、他日、他杀、他用、其他。

“他”字一般指男性；“她”，代指女性；“它”，代指没有生命的事物，或指动物。在不明性别或没有必要区分时，“他”字可泛指任何人。

“他”字可用在动词和数词之间，表示虚词，如：玩他几天，唱他几句。

明朝嘉靖年间，世宗皇帝刚经历一番内乱，心中郁闷，便微服出宫，到京城万佛寺闲逛。世宗出游还有一桩心思，他宠爱的陈皇后三十一岁，体弱多病，他想找个拆字先生预测一下。

万佛寺内熙熙攘攘。其中一位术士，摆一测字摊，布招上大书“严铁嘴”三字。世宗走了过去，在他摊位前坐下。严铁嘴见来者气概不凡，忙笑脸相迎，问道：“尊驾是问字还是拆字？”

世宗答道：“是来为他人拆字。”严铁嘴又问：“为他拆个什么字呢？”世宗说：“就拆个他字吧。”严铁嘴偷眼看了一下世宗，写了个“他”字，拆解道：“这‘他’字乃‘人’旁加‘也’字。这‘人’旁属单人旁，尊驾一人而来，专为他人。这单人旁应属尊驾，‘也’字属尊驾心中的他人。故而我只好撇开单人旁，专拆‘也’字。看来这他人是指贤内助吧？”

世宗一惊，问：“何以见得？”严铁嘴说：“这‘他’字去掉单人旁，换上‘土’字为‘地’字。‘地’为‘坤’，‘坤’为‘女’，这不是指贤内助么？而且贤内助今年是三十一岁，对吧？”

世宗又是一惊，问道：“从何得知？”严铁嘴指指“他”字的一半“也”字说：“‘也’字很像‘卅一’，故而得知。”

世宗又问：“贱内能与我白头偕老么？”严铁嘴摇头道：“这‘他’字去‘人’加‘水’为‘池’，加‘马’为‘驰’。今言‘池’而无水，言‘驰’而无马。夫妇不能水陆并行，看来贤内助凶多吉少。”

严铁嘴这番话，说得世宗目瞪口呆。他丢下银两，匆匆回宫。且不提陈皇后的事，单说这世宗，对严铁嘴十分佩服，视他为奇才，不久，便召他进宫，授为承信郎。数月后，又擢升为吏部尚书，直至升为首辅。这便是历史上臭名昭著的奸相严嵩。

专指女性的“她”

tā

“她”字是个新造的字。从文字学的角度看，这是个左右结构的形声字。左边的“女”表示与女性有关。右边的“也”(yě)表示读音。

“她”的本义是第三人称代词，专指女性，如：她、她们。

出于对女性的尊重，特别是对母亲的崇敬，“她”字也转化为敬称，称呼祖国、国旗、党旗。

甲骨文

金文

小篆

隶书

她

楷书

[瓦当欣赏]

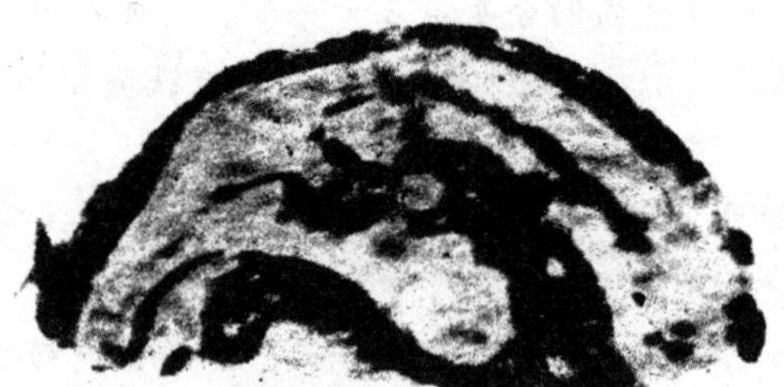

战国画像瓦当

秦汉瓦当

教我如何不想她

近代文坛上有这么一段记载，说的是刘半农造“她”字的故事。

20 世纪初，白话文兴起，再加上翻译介绍外国文学的作品多起来，所以，第三人称代词的使用也频繁起来。

在当时，凡是第三人称统统都用一个“他”字，所以语言表达极不方便。现代文学家、语言学家，北京大学教授，著名诗人刘半农产生了造一个女性第三人称的想法。

1918 年的一天，刘半农把这个想法告诉周作人，周作人听了很感兴趣,忙问刘半农想到字形没有。刘半农笑着写了个“她”字,说:“‘他’是‘人’加‘也’,而我这个‘她’是‘女’加‘也’,女字正好代表女性,这样不就和那个‘他’区分开了吗！”

周作人连声称妙，代表女性的“她”从此就诞生了。

后来，刘半农为了让人们接受这个“她”，特意写了一首别开生面的歌词——《教我如何不想她》。

"大"字多一点——"太"

tài

甲骨文

金文

小篆

隶书

楷书

在最早的甲骨文中,只有"大"字,没有"太"字。"大"字与"小"字相对应，主要用于区分大小。

如何表达比"大"更大的事物呢？古人根据"大"字,创造了"太"字。

从字形看,"大"字像个顶天立地的巨人,这是个象形字。"太"字比"大"字多一个小点。看来这一小点是想表明这事儿或这物品大得很，用"大"字已不足以表达，比"大"还要大，所以加上一点，成了"太"字。从这个意义上讲，"太"字是个会意字。

"太"比"大"更大，它是极大。最古的时代称为"太古"；最高的天空称为"太空"；最高的长辈称为"太公"和"太婆"；最高的学府称为"太学"；最过分的事儿被形容为"太甚","欺人太甚"是人们常用的成语。

东晋·王羲之

宋·朱熹

唐·怀素

唐·孙过庭

太子日后变天子

宋朝年间，京城有位测字高手，名叫谢石，曾为宋徽宗测过“问”字。他把“问”字说成“左是君，右也是君”，所以深受宋徽宗的赏识，有事没事就把他召进宫，让他在宫里露两手。

一天，宋徽宗又把谢石召进宫，说有人写了一个字，看他能不能测出写字人的身份。说罢，取出一张纸，上面写着一个“太”字。

谢石接过纸看看，然后微微一笑，说：“写字之人乃天子也。”

宋徽宗也笑了起来，说：“错了，这个字确实不是朕写的，你为何说是朕写的呢？”

谢石说：“如果小人没猜错的话，这个字应该是太子写的。因为普天之下，除了太子外，没人敢在皇宫院内写这个字了。”

宋徽宗还是不明白，追问道：“就算是太子写的，那也不应该说是天子写的呀？”

谢石依然不紧不慢地说：“陛下请看，这‘太’字中间的一点微微横起，说明日后必将能移置到上面，等到那一天，不就成了天子的‘天’了吗！”

话音刚落，屏风后传出一阵大笑声，太子满面春风地走了出来。宋徽宗也很高兴，当即重赏了谢石，封为承信郎。

平安又顺畅——“泰”

tài

甲骨文

金文

小篆

隶书

楷书

古代的“泰”字是个形声字，它是由表示双手的“収”字（读gǒng）和“水”字为形符，“大”字为声符，本义指滑溜。

也有人认为，古代的“泰”字，上面是草字头，读gǒng，下面是“水”字，这两部分是形符。“大”字作声符。后来的隶书将草字头和“大”字合体,写成“夫”。上面的草字头像两手捧着东西。手中捧的什么？是水。水从手中滑下，本义指“滑”。

也有人认为，小篆的“泰”字由“収”和“水”作形符，“大”作声符。还有人认为，小篆的“泰”字是会意字，上面的草字头表示双手，下面是“水”字，另外还有个“大”字。这“大”字表示“人”。三者综合起来的意思是：双手把人从水里举出来，被救的人就平安了。本义指平安、安定。

也有学者考证，古代的“泰”字是会意字。上面是表示人形的“大”字，在这“大”字下加两短横表示撒尿。小篆的“泰”字将“大”字下面的两短横改为“水”字，旁边又各添一只手，表示人在尿憋时，双手解开衣裙解手。尿急后撒出，就有通畅的感觉，所以“泰”字的本义为通畅，由通畅又引申为泰然。

通畅与上面所说的滑溜，词义相近。综上所述，“泰”字的本义应为顺畅，又引申指平安、安定，如：安泰、泰然、国泰民安。

“泰”字，也表示极、最、大、太、过甚，如：简略泰甚、富贵泰甚、泰山、泰斗、泰山压顶、稳如泰山。

“泰”字也作姓氏用。

苏东坡妙批白字秀才

北宋年间，有位文学家名叫苏轼，自号东坡。他的散文、诗词、书画都有极高的成就，为后世留下了许多脍炙人口的佳作。同时，他又是位幽默风趣的人，在文坛上留下了许多佳话。

却说苏东坡在杭州任知府时，常与一些文人雅士相聚。一些爱好诗文的人闻风而集，竞相追慕，将自己的作品拿去请苏东坡指点。

在众多文人雅士中，也有趋炎附势、沽名钓誉之徒，其中有位名叫白永之的秀才，文章错字连篇、文理不通，人称白字先生。可他自命不凡，爱慕虚荣，好卖弄文才。

一天，白秀才拾人牙慧，东抄一句，西摘一句，也算写成了一篇文章，特地赶在一次文人聚会上，请苏东坡过目，盼苏东坡指点。

苏东坡一看，文章标题是《读过泰论》，大惑不解，继而一想，不禁哈哈大笑。原来，这白字秀才把《过秦论》的“秦”字写成“泰”字了。两者字形相似，但下面，一个是“禾”字，一个是“水”字，两字的读音和意思大不相同，怎能混为一谈呢?

见苏东坡大笑不止，众人惊奇，白字先生更是丈二和尚摸不着头脑，一再要东坡居士美言几句。苏东坡指着文章的标题说:“贾谊的《过秦论》历数秦朝灭亡之原因，除不施仁义之外，原来也跟水灾有关啊？”

大家听了，一头雾水。苏东坡指着“泰”字说:“‘秦’字里原为‘禾’字，此乃庄稼也。如今被大水冲了，百姓饥饿，群起造反，难怪秦朝灭亡啊。”

众人听了，不由哈哈大笑。白字秀才也羞得面红耳赤。

不择手段获财物——“贪”

tān

“贪”字是一个形声字,上面的“今”是它的声旁,下面的“贝”是它的形旁,说明“贪”的本义与钱财有关。“贪”的本义是欲物,意思是想要财物。

贪财的人为获取财物,以违反法律来满足自己对财物的占有欲,于是“贪污”由此产生。与“贪污”意思相关的词语也不少,如:贪财、贪贿、贪赃枉法、贪官污吏等。

“贪”字还表示对某种事物欲望老不满足,求多,有过分的意思,如:贪玩、贪杯、贪嘴、贪心、贪婪、贪恋、贪得无厌。

“贪”字也有片面追求的意思,如:贪图、贪便宜。

也有人经过考证,认为“贪”字是个会意兼形声字。说它是会意字,主要指它的声符“今”字。这个“今”字可理解为“曰”字的倒写。甲骨文、金文和小篆的“曰”字,形状就像倒过来的“今”字。“曰”字表示说话的“说”。如若把“曰”字当作开口,那么“曰”字倒过来则是闭口。这倒写的“今”与“贝”组合,就是开口闭口都谈钱,表明这个人是非常爱钱的,本义是爱财,而且是不择手段地捞取钱财,这就是“贪”。

甲骨文

金文

小篆

隶书

楷书

《隶辨》

唐·欧阳询

陈文星是著名剧作家,他从小就有文才,父母希望他成为“文曲星”,所以为他取名陈文星。

陈文星自学成才，写过好几个剧本，成了剧作家，当过剧团团长，后来又当上文化厅厅长。在厅长位子上刚待了一年，便因贪污受贿、腐化堕落被判了刑，现在在一所监狱里服刑。

陈文星认罪服罪，有悔改表现。他有文化、有口才，所以监狱长就让他现身说法，为到监狱参观的人讲贪婪的危害。

这天，陈文星为一批来参观的年轻干部重点谈了他对“贪婪”二字的理解。

陈文星坦诚地说：“贪，就是不择手段地牟取眼前之利。我刚当上厅长，就遇上盖大剧院的工程，承包商一下子给我送来五十万。钱就放在桌子上，不要签字画押，伸手就可拿。拿，还是不拿？今日不拿，明天就拿不到了。今日不拿，更待何时？所以我就及时拿了。贪就贪在今日，贪在眼前。所以古人造的贪字，贝字头上加个今，不光是表读音，主要是说切莫贪一时之利，不能一时糊涂啊。

“说到‘贪婪’的‘婪’字,我更有体会。‘婪’字上面是‘林’字。贪心如‘木’成‘林’，越多越好。下面一个女字，更是坏事，一旦与女色牵连，那就越发不可收拾了……”

陈文星说出了自己的亲身感受，这些年轻干部听了，都连连点头，似乎有所触动。

很深的水坑——“潭”

tán

“潭”字是个左右结构的形声兼会意字。左边的三点水表明这个字与水有关。右边的“覃”字是声符，读 tán，两形相合，指深渊。

古人为什么用“覃”字作“潭”字的声符呢？因为“覃”字有深的意思。也有人认为，小篆的“覃”字的字形像个很深的容器，“水”与“覃”组合，即表示深渊，所以“潭”字用“覃”作声符并会意。

“潭”字的本义指深渊。也有人认为“潭”字指很深的水坑。其实，深渊与深水坑并无多大区别。

也有人认为，“潭”字的本义是水名，位于现在广西柳江一带。

“潭”字的本义应是指深水坑，如：古潭、泥潭、深潭、水潭、龙潭虎穴、一潭死水。

在书面语中，“潭”字作名词用，表示深渊，也指深邃的府第，常用于尊称对方的住宅，如“潭府”。

“潭”字也作姓氏用。

甲骨文

金文

小篆

隶书

楷书

[瓦当欣赏]

战国画像瓦当

这年初春，一部大型辞书的修订工作会议，在湖南湘潭召开，来自全国各地的数十位专家学者聚集在湘江边的一家宾馆里，开会讨论，集思广益，要尽快把这部辞书修订完成，送到读者手中。

初春，江南雨多，飘飘洒洒，足足下了近十天，老教授们无处可去，休息时就聚在靠窗的圆桌旁喝茶聊天。

罗维球教授以制谜猜谜著称，大家要他出个谜语娱乐娱乐。罗教授也不推托，说："我有个绝妙的字谜，只怕各位猜不出。"

会务组的小江说："罗老，这么多专家，您可别小看他们哪。"

罗教授说："好，我说个——'几滴相思泪，洒在西湖边'。"

小江听了，忙说："罗老，这是个'湘'字，您老去年在杭州西湖边开会时就说过啦。"

罗老尴尬地笑笑，说："让我好好想想，再来一个！"

大家等了一会儿，罗老望望窗外毛毛细雨，又看看茫茫湘江，说道："诸位，咱不再洒泪了，来个'微雨经旬'，如何?

过了好一会儿，没人吱声，小江建议道："罗老，你对这四个字做些解释吧。"

罗老说："微雨，就是毛毛雨，经旬，就是下了十天雨，这该明白了吧？"

小江一拍巴掌说："我明白啦，小雨洒了十日，合起来就是个'潭'字呀！"

高大建筑——“堂”

táng

甲骨文

金文

小篆

隶书

楷书

小篆的“堂”字，是一个上下结构的会意兼形声字。上半部分的“尚”，既是它的形旁，也是它的声旁。在古代，“尚”字表示两坡的大房子。下半部分的“土”字,其实就是“立”字的讹变，表示设立、建立的意思。两部分合在一起，就是指建造而成的两坡结构的高大建筑。旧时的“堂”，一般指帝王的宫殿。后来“堂”也可以用来指正房居中的一间，如“堂屋”。

随着词义的发展，“堂”字引申出来，泛指专为某种活动安排的房屋，如：礼堂、食堂、学堂、公堂、大堂等等。

“堂”字也用于厅堂的名称或商铺的牌号，如北京著名的“同仁堂大药房”，成都西郊的“杜甫草堂”，广州的“孙中山纪念堂”，扬州的“平山堂”等等。

堂屋一般是比较正规的房间，它是一户乃至一个家族的正室，一般长辈才有资格居住，所以“堂”又引申出来，表示同一祖父的亲属关系，如：堂兄、堂弟、堂姐妹。

在现代汉语里，“堂”还作为量词使用，用于分节的课程，“一节”叫“一堂”，如：一堂英语课，两堂语文课等等。

“堂”字，也用来作为敬词，尊称他人的母亲，如:令堂大人。

“堂”字还用来形容容貌庄严大方，气魄大，如：堂堂正正、相貌堂堂。

笔迹专家分析『堂』字

俗话说，三百六十行，行行出状元。在众多职业中，有个笔迹分析师。这是个新兴的颇具神秘色彩的职业，他们通过笔迹分析，替人寻找答案。这些答案，包括书写者的相貌、高矮、胖瘦、性格、爱好、品质、习惯，还包括忠诚度、责任感、人际关系、管理风格等等。分析一个人的笔迹，可看出这个人的面貌，字如其人嘛。刑事侦探、企业招聘乃至谈婚论嫁，都用得上字迹分析。因为一个人的字迹是无法伪装的，笔迹不会说谎。

在为数不多的笔迹分析师中，徐兴华是其中的佼佼者。

这一年，香港“魔鬼”警察罗中堂一案，震动一时。此人作恶多端，但他伪装巧妙，一时很难识破。后来，警方让众多嫌疑人提供各人的签名，请徐兴华分析他们的字迹，以判断谁是主犯。

徐兴华仔细研究了罗中堂写的“堂”字，他根据外人永远看不懂的波线图，分析了这个人的概貌。

徐兴华在分析报告上写道：“堂”字上端开头三笔，本是当中一短竖，两边各一点。但此人均以三个短直竖代替，显示此人很粗野，而且是个一贯以自我为中心的人，在群体中属头目、负责人一类。“堂”字中间的“口”字，应是三画，正方形，但此人以圆圈代替，一笔而成，暗示此人内心有很多心思想不透，精神受困扰，并有狂躁症的病征。他写的“堂”字那最后一横，拖得很长，且又向上翘，表明此人有很强的攻击性……

案件侦破后，确认元凶就是罗中堂。警方的调查结论，证实了徐兴华的判断。罗中堂以警察身份，网罗地痞恶棍，组成黑社会。他白天当警察，夜里是黑老大，绑架勒索、杀人越货，干尽坏事。徐兴华通过笔迹分析，为破案提供了可靠的线索。

说大话很“唐”突

táng

甲骨文

金文

小篆

隶书

楷书

甲骨文和金文的“唐”字，是个上下结构的形声字兼会意字。上面的字形是“庚”字简省的写法，读 gēng，作音符，下面的“口”字作形符，表示跟用口讲话有关。两形合一，指张嘴讲言过其实的话。小篆的“唐”字略有变化，将“庚”字变化为两只手的样子。隶变后的楷书写作“唐”。

古人为什么用“庚”字作“唐”字的声符呢？对此专家们有三种说法。

有人认为，这“庚”字有变更之义，指开口说大话、说空话。

也有人认为，这“庚”字指一种钟铃之类的乐器，表示说话声音像钟铃一样很响很大，也是指说大而无边际的话。

还有人认为，这“庚”字是加工粮食的风柜，这风柜出风口很大，比喻张口说言过其实的大话，所以“唐”字用“庚”字作声符并会意。

以上三种说法不一，但意思相同，都把“唐”字的本义归纳为“说大话、空话、虚夸”。人们把思想离奇、说话没有根据、做事不近情理的人和事称为“荒唐”；把横冲直撞乱闯的人和事，以及言语举止冒犯他人的人和事称作“唐突”。

“唐”字假借作朝代名称，如：唐朝、唐代、唐诗、后唐。

“唐”字也作姓氏用。

古代的测字先生，其测字水平有高低之分，在测字过程中，也可看出这些人道德水准的优劣差别。这些人大都见多识广，深谙人情世故，掌握时局变化，懂得风俗民情。测字时，他们会随机应变，依据求测人的言谈举止或面部表情，作出合情合理的解释。他们把握分寸，轻易不说过头话，他们的论断大都模棱两可，给自己留有回旋余地。

应该说，高明的测字先生，其实就是一位高超的心理医生，他们往往能借测字的机会，给求测者一些有益的启示，给一份心灵上的慰藉，给一点精神上的鼓励。

两宋交接时，四川成都有位专业测字家谢石，他在京城汴梁挂牌测字时，就曾做过不少这样的善事。

却说汴梁有位书生，名叫唐家宝，与寡母相依为命，靠祖传的田产度日。唐家宝一心苦读，盼望获取功名利禄。就在他准备赶考时，母亲得病，卧床不起，这可急坏了孝子唐家宝。他无心读书，一门心思服侍老母。

谢石租的临街门面房，就是唐家的祖屋，他与唐家宝来往密切。听说唐家宝老母病重，便前往探望。见老太太病势并不严重，也就放心了。

唐家宝见谢石上门，十分感动，趁便以祖姓“唐”字求测，看老母亲能否康复。

谢石为安慰唐家宝，鼓励他积极备考，便在书桌上取出纸，写了个大大的“唐”字说：“你是熟读诗书的人，不用我细说你也明白。你要测的这‘唐’字，上为‘康’字头，下为‘居’字脚。‘康’者，健康康复也；‘居’者，安居乐业也，都是吉祥之义。依我推断，令堂一定康居无恙，你放心备考吧。”

几句话，说得唐家母子心里暖暖的。不久，唐家宝母亲的病便渐渐好转了，唐家宝又开始苦读备考了。

抓来的奴隶“逃”跑了

táo

甲骨文

金文

小篆

隶书

楷书

小篆的“逃”字是个形声字兼会意字。“辵”字为形符，“兆”字为声符，读 zhào。两形合一，指被抓获的奴隶或俘虏半路逃跑了。

在这里顺便说一下“辵”字。这个字读 chuò，在小篆中常见到。这是个象形字，甲骨文字形用表示大街的“行”字，中间放个表示脚的“止”字，表示在街上走路之意。小篆省去半条街，隶变后楷书写作“辵”，作偏旁时写作“辶”，也就是我们熟悉的“走之旁”，本义指“走路”。

“逃”字用“走之旁”作形符，表示跟行走有关。

古人为什么用“兆”字作“逃”字的声符呢？因为“兆”字有“预兆”、“先兆”的意思。危险事发生前，会有先兆出现，先兆一出现，人们必定逃跑，所以古人用“兆”字作“逃”字的声符并会意。

“逃”字的本义指“逃走”。逃走到其他地方为“逃奔”；逃跑流窜为“逃窜”；逃跑躲藏起来为“逃遁”；逃跑的犯人为“逃犯”；为保存生命而逃为“逃命”；分散开跑掉为“逃散”；逃走并流浪在外为“逃亡”；逃离家庭或国家为“出逃”；溃败逃跑为“溃逃”。犯人逃走还未被捉住以前称“在逃”。还有逃兵、逃脱、卷逃、逃之夭夭等等。

“逃”字由本义引申指“避开”。因不愿意或害怕而躲开称为“逃避”；旧时指为躲避兵乱或匪患等灾祸而逃称为“逃反”，也称“跑反”；因遇灾荒而逃离家乡外出求生称“逃荒”，也称“逃难”。逃债、逃税、逃票等等，都有为避开而外逃的意思。

窈窕淑女，君子好逑

在中国古代爱情诗歌中，有不少名句，至今还在广为传唱。“窈窕淑女，君子好逑”这一句，尤为突出。“窈窕”，读 yǎo tiǎo，指娴静貌美。淑，指善良、美丽，后用“窈窕淑女”作成语，形容美丽而又有德行的女子。“君子”，泛指人格高尚的人。“逑”，读 qiú，本指配偶。在这儿，我们不妨理解为：美丽娴淑的女子都受人爱慕。

这诗句，也被一位测字先生用上啦。

却说民国年间，南京大石坝街有家茶叶店，店主徐文才家有个小伙计名叫姚立武。名字威风凛凛，人却显得文质彬彬的，一副书生模样。

这天，姚立武在桃叶渡闲逛，猛抬头，只见一妙龄少女站在渡船上，正朝他看。姚立武呆住了，他恍若进了仙境，遇到了仙女。那姑娘对他嫣（yān）然一笑，不料，就在这时，渡船靠岸，船身一抖，那姑娘被下船的人们拥挤着，消失在人群里。姚立武如梦方醒，呆呆地站在原地，好半天才回过神来。

当晚，姚立武也许受了风寒，竟高烧不退，嘴里胡言乱语，说要再找那仙女。多亏徐文才精心照料，吃药调理，方见好转。他向主人诉说了在桃叶渡遇见仙女的经过，求他相助。

徐文才想：我能助你什么呢？你这是得了相思病啊，只有文德桥的测字先生胡铁嘴能为你解难。

徐文才带着姚立武来找胡铁嘴，说了事情的经过。胡铁嘴听罢，抖抖布袋说：“拈个字吧。”

姚立武从布袋里摸出个“逃”字，顿时脸色大变。胡铁嘴看了，笑眯眯地说：“好事哇，好事哇，你拈的‘逃’字，与你的祖姓，与你求测之事大有关联哪！”没等姚立武发问，胡铁嘴又说：“‘逃’者，乃‘窈窕淑女，君子好逑’也。‘逃’字右边为‘兆’，为‘窕’字简省写法，又为‘窕’字之尾。左边的走之旁载着‘求’字行走，实为‘逑’字之隐，所以我说你要交桃花运了。”

姚立武听罢，脸露喜色。胡铁嘴看着他又说：“小官人一表人才。再说你姓‘姚’，‘兆’‘女’两字相合。‘兆’者指征候迹象。现‘女’就在‘兆’旁，你又是在‘桃叶渡’见到她的，这缘分不浅哪。”

姚立武听了，喜得满面红光。胡铁嘴把徐文才拉到一边，悄悄说：“你叫这书呆子天天在桃叶渡守候，怎会找不到？”

落叶乔木——“桃”

táo

甲骨文

金文

小篆

隶书

楷书

古代的“桃”字，是个左右结构的形声字兼会意字。左边的木字旁是形符，表示跟树木植物有关，右边的“兆”字是声符，读zhào。这两个字形组合在一起，指一种落叶乔木，春天开红色或白色的花，果实可吃的桃树。桃树的枝小而光滑，叶子是长椭圆形，因桃树是树木，所以“桃”用“木”字作形符。

古人为什么用“兆”字作“桃”字的声符呢？因为“兆”有“预兆”之义，春天桃花的多少，预兆着果实的长势和多少，所以“桃”字以“兆”字作声符并会意。

“桃”字的本义指桃树或桃树的果实，即桃子；古代在大门上挂两块画着门神名字的桃木板，后来在上面贴着春联，因此借指春联，这便是“桃符”。桃树皮中所含的一种胶称“桃胶”；像桃花一样的颜色称“桃红”，也就是粉红色；桃花开时下的雪称春雪，也称桃花雪；春汛也称“桃花汛”；在爱情方面的好运气也称“桃花运”。桃仁、桃色、山桃、樱桃、寿桃、胡桃、毛桃等都跟桃树、桃花、桃子有关。

“桃”字也引申指像桃子形的东西，如棉花的果实称“棉桃”，棉花结桃了。

桃李的果实用来比喻培养出的后辈或学生，如桃李满天下。

“桃”字也作姓氏用。

马皇后赠枣桃

明朝开国皇帝朱元璋，穿上龙袍，当上天子后，最担心的是怕有人谋反，篡夺他的皇位。有谁敢篡夺皇位呢？恐怕只有那些昔日跟随他一起南征北战，立下汗马功劳，如今又手握大权的那些功臣啰。为了保住江山，他萌生了杀功臣的念头。这也难怪，历朝历代，都有鸟尽弓藏、兔死狗烹的先例。卸磨杀驴，这是常有的事。他经一番密谋，决定兴建一座功臣楼，到时以君臣同庆的名义，大摆宴席，把所有功臣邀到楼上赴宴，然后借火灾为名，将他们全都烧死。这样既可免除后患，又不露丁点痕迹。

这一计谋，朱元璋埋在心中，从不透露。但与他朝夕相处的皇后马娘娘，却已看出端倪。她觉得如此而为，过于残忍。她也深知丈夫的秉性，无法规劝。在众多功臣中，她觉得军师刘伯温功勋卓著，没有他，就没有今日大明江山。她决心救刘伯温一命。经苦思冥想，得一妙计：她派太监给刘伯温夫人送去两盒小礼：一盒枣子，一盒桃子。这点小礼不起眼，况且又是送给刘夫人的，谁会多心呢？

刘伯温看到这两盒小礼，很是纳闷。皇宫里有的是山珍海味，时鲜果品，娘娘此时此刻为什么送这两样东西？这里暗藏什么玄机呢？

刘伯温不愧为军师。他终于悟出了枣子和桃子合在一起：是“早逃”的暗示，“枣桃枣桃”，是暗示他早点逃走啊。

刘伯温心领神会，就在朱元璋实施火烧功臣楼前一刻，他神秘失踪了。他就凭着“枣桃”的暗示，逃得一命。

宣布对方的罪行——“讨”伐

tǎo

甲骨文

金文

小篆

隶书

楷书

古代的“讨”字是个左右结构的会意字。在金文中，“言”字是个指事字，下面是“舌”字，上面一横表示“言”从“口”中由舌头发出来，本义是说或讲。在“讨”字中，也就是讲的意思。

“讨”的右边是“寸”，在古代，“寸”是个指事字，像手的形状，表示距离手一寸的经脉部位，用以表示长度单位。在这儿，表示一定的法度。

“言”与“寸”结合在一起，就是根据法度用言论指责对方。本义就是宣布对方的罪行，制造舆论，追查、处治，如：声讨、讨伐、征讨。

“讨”字，又引申为研究、商量，如：研讨、商讨、讨论、探讨。

“讨”有索取、请求的意思，如：讨饭、乞讨、讨好、讨教、讨情、讨还、讨债。

“讨”还有“娶”的意思，如：讨媳妇。

“讨”，也有招惹的意思，如：讨嫌、讨厌、讨喜、自讨苦吃。

汉《曹全碑》

乾隆年间，杭州有个姓谢的人，好吃懒做，脸老皮厚，常到左邻右舍家混饭吃。每次吃完，他嘴一抹，连声谢谢都不说，就拔腿走人，为此邻居们都很生气。

这天，他又走进一个邻居家，吃罢饭，碗一放，就准备动身。邻居忍不住问道："你的姓怎么写？"那人愣了一下，随口说道："言加身加寸不就是'谢'吗？"这位邻居摇摇头，说："不对，应该把中间的'身'字去掉。"

姓谢的被说糊涂了，他大声辩解道："那不是'谢'，是'讨'！"

邻居的声音比他还大："是啊，你姓谢，每次到我家吃过饭都不会说个谢字，不如改姓'讨饭'的'讨'了！"

姓谢的脸一红，赶紧灰溜溜地走了，从此再也不好意思上门蹭饭了。

硕大壮实的公牛——“特”

tè

甲骨文

金文

小篆

隶书

楷书

古代的“特”字，是个左右结构的形声字兼会意字。左边的牛字旁是形符，表示跟牛有关。右边的“寺”字是声符，读sì。这两个字形组合在一起，指硕大壮实的公牛。

古人为什么用“寺”字作“特”字的声符呢？因为公牛的个头儿要比一般的家畜大得多，而“寺”字是古代官员办公的府庭，和一般民居房舍相比高大宽敞得多，所以“特”字用“寺”字作声符并会意。

隶变后的楷书写作“特”。

“特”字的本义指“壮实的公牛”。由本义引申指不平常的、不同于一般的，如：与众不同，不普通、格外、特地称“特别”；某地或某个国家特有的著名物产称“特产”；特别擅长的技能称“特长”；特别突出、格外突出称“特出”；特别高的等级称“特高”。特点、特级、特急、特价、特例、特权、特区、特色、特使、特别、独特、奇特等都指不同于一般。

“特”字由上义引申指“单一、专门”，如：表示专门为某种事称“特地”；特地、特意称“特为”；特别允许称“特许”。特此、特刊、特派、特命、特写、特任、特邀等都指“单一、专门”。

“特”字也作姓氏用。

在民间故事中，有不少是借吟诗作对来解说汉字的，这些故事，只要情节合情合理就行了。最关键的是看你如何把这个字解释得十分巧妙，要让人记在心里，不会忘掉。

从前有位李秀才，是个十足的书呆子。他喜欢吟诗作词，为人又相当注重礼节，所以朋友见面的场景，就显得与众不同了。

却说有一天，李秀才去看望好友王秀才。到了王秀才家大门口，他先轻轻敲门，待王秀才开门出来迎接时，他就彬彬有礼地吟诵起来：

寺庙门前一头牛，二人抬个哑木头。
未曾进门先开口，闺房女子紧盖头。

王秀才晓得李秀才的喜好，知道他是在念字谜让自己猜呢。王秀才分析了一下，猜出了李秀才四句话暗含四个字，连起来就是问候语“特来问好”——“寺庙门前一头牛”，指“特”字，“二人抬个哑木头”指繁体字“來”字，“进门开口”指的是“问”字，“闺房女子”指“好”字。

王秀才也不含糊，当场以字谜诗一首回赠：

言对青山不是清，二人土上在谈心。
三人骑头无角牛，草木丛中站一人。

李秀才是制谜猜谜高手，这四句小诗怎难得住他？他大踏步进门，随主人到客厅坐下，端起茶杯，喝起茶来。因为王秀才那赠诗暗含四个字，连起来就是“请坐奉茶”。

传递文书的驿马——“腾”

téng

古代的“腾”字是个形声兼会意字。“马”是形符，表示跟马有关。“朕”是声符，读 zhèn。“腾”字表示马拉着传递邮件的车子奔跑。

古时传递邮件或文书，都是由人骑马传送的。不管是人骑马还是驾马车，都跟马有关，所以用“马”字作形符。

甲骨文

古人为什么用“朕”字作声符呢？“朕”字表示双手举火，将牲口的血涂在船的裂缝上，用火烤的方法来修补裂缝，后来引申指“缝隙”，又引申指“迹象”和“预兆”。在甲骨文中，“朕”字被借用作第一人称。秦始皇干脆把它用作皇帝的自称。在“腾”字中，正因为“朕”有舟船修补裂缝的意思,也就有“急于并合”的意思。而传递邮件也有急于由此及彼并合的意思，所以“腾”字用“朕”字作声符并会意。

金文

小篆

有人认为，“腾”字的本义指奔跑、跳跃；也有人认为，“腾”字的本义特指驿马；马在传送邮件时急如星火，奔驰前进；还有人认为，“腾”字的本义指传送文书的车子，也就是驿车。

以上几种说法，没有本质区别，只是在本义和引申义上有些先后不同而已。不管是马或马车,在奔驰时,都有奔跑、跳跃的意思,如：奔腾、腾越、扑腾、欢腾、踢腾、万马奔腾。

隶书

“腾”字由本义引申指上升，上下左右翻动，如：腾达、腾飞、沸腾、升腾、热气腾腾。

“腾”字又假借指挪动、使其空出来，如:腾挪、腾时间、腾房子。

“腾”字用在某些动词后面，表示动作反复、连续。如：翻腾、折腾、倒腾、闹腾。

楷书

“腾”字也作姓氏用。

夫人骑马回娘家

江南书画院的老腾和老戴，结伴去黄土高原写生。这次，他俩一竿子插到底，直接来到陕北米脂县和绥德县交界的四十里铺，住在一户农民家。白天，他俩外出写生作画，晚上与村民闲聊，好不自在。

这天，老腾在山梁上写生，忽听身后响起一阵丁零当啷的铃声，还伴着高亢的信天游的歌声。他扭头一看，只见黄土高坡上走来两个人。一个是身穿大红袄、头插两朵花的小媳妇，骑在毛驴上。身旁是位头扎白毛巾的小伙子，牵着毛驴在唱歌。

自古以来，就有“米脂的婆姨绥德的汉”这一说，夸米脂的女子漂亮，绥德的男子英俊。可不，眼前这一对小夫妻，真称得上郎才女貌。

铃声伴着歌声渐渐远去，而这美丽动人的景象，已深深印在老腾的脑海里。第二天，他几乎是一气呵成，画了幅“回娘家”的水墨画：在那一望无际的黄土高坡上，一头毛驴、一条汉子、一位身着红衣头插两朵红花的小媳妇跃然纸上。

老腾画好，正要落款，老戴叫道：“慢！让我来凑个热闹！”说罢，他在画的空白处，题了一首诗：

夫人回娘家，头戴两朵花。
住了一个月，骑马转回家。

老腾读罢，咂咂嘴说：“老戴，恕我直言，似乎有两处不妥。一是‘夫人’一词太文雅；二是明明骑驴，何以写骑马？”

老戴说：“这里暗藏你的‘腾’字，不得不如此啊。”

读者朋友，请细细品味，这首诗与这幅画，是不是一个“腾”字？

有角质保护物的脚——“蹄”

tí

小篆的“蹄”字,是个左右结构的形声字。左边的“足”字是形旁,表示这个字与脚有关。右边的“帝”(dì)字表示读音。

金文和小篆的“蹄”写作“蹏”。右边的“虒”有三种读音和三种解释。第一读 sī,指一种像虎,但头上有角的兽。这种兽能在水中行;第二读 tí,指古代地名,今河北省密云县以北一带;第三读 zhì,表示不整齐的样子。古人用“虒”作声符是很有用意的,其中指头上有角的兽这一点很重要。因为“蹄”与兽类有关,且与角质物也有关。

“蹄”的本义是指马、牛、羊、猪等动物脚趾端的角质物,也指具有这种角质物的脚,所以人们称动物的脚为“蹄”,如:牛蹄、猪蹄、蹄子、马不停蹄。

牛、羊、猪的四肢中的筋,作为食物时称为蹄筋。

“蹄”是动物的脚,又引申为量词,作为计算有蹄类的动物计量单位,如:牧马二百蹄,就是牧马二百匹,在这儿“蹄”相当于“匹”。

甲骨文

金文

小篆

蹄

隶书

楷书

唐·怀素

唐·孙过庭《书谱》

宋·米芾《草书帖》

北京城中心有条繁华大街叫长安街，长安街上有个地方叫珠市口，这儿人来车往，热闹非常。

“珠市口”，从字面上看，似乎是卖珠宝金银的闹市口。其实不然，原先这儿叫“猪市口”，本是京城买卖猪的交易市场。

据说，清朝乾隆年间，大学者纪晓岚的家就住在这儿。

皇帝的脚

有一天，乾隆皇帝独自走出宫门到民间私访，听说纪晓岚家住猪市口，一路寻来，到了纪晓岚家。

纪晓岚忙不迭出门迎接。乾隆走累了，一进门，就坐在椅子上，跷起脚休息喝茶，纪晓岚在一旁侍候。

乾隆晃着脚尖儿，心血来潮，要纪晓岚以他的脚为题，说出一个字。这个字既要符合他的身份，又不能露出“脚丫子”等字眼。

纪晓岚博学多才，这可难不住他。他也知道，今儿皇上高兴，是想搞个文字游戏，寻寻开心。他一思忖，联想到自己住的“猪市口”地名，猪的脚称“蹄”，“蹄”由“足”和“帝”组成，这不就是皇帝的脚吗？于是，他便答道：“皇上，有一个字，说出来怕龙颜大怒，臣不敢说。”乾隆摆摆手说：“在你家里，你是主，我是客，主人说话，客人岂有发怒的，但说无妨。”

纪晓岚小声说：“蹄。”

乾隆听了，先是眉头一皱，颇为不快，继而一想，不由哈哈大笑：“答得好！答得好！”

人的额头——“题”

tí

甲骨文

金文

题

小篆

题

隶书

题

楷书

隶变以来的“题”字，是个左下包围结构的形声字兼会意字。左下方的“是”字是声符，读shì，右上方的“页”字是形符。这两个字形组合在一起，指人脸部，头发根之下，眉毛之上的部分，这块平整的地方称“额头”，古代称为“题”。因“页”表示人的头部，所以，“题”以“页”做形符。后因“题”字另作他用，古人就另造了个“额”字专指“额”头之义。

古人为什么用“是”字作“题”字的声符呢？

古代的“是”字是会意字，由“日”和“正”组成，其中一短竖象征端直，表示太阳正中端直之义。本义指端直、平正，含有正确、合适之义。而人的额头在面部上方，以平正为好，所以“题”字以“是”字作声符并会意。

隶变后的楷书写作“题”。

“题”字的本义指“额头”，后引申泛指事物的端头。人写文章的题目总是放在文字之前，所以引申指写作、演讲内容的总名目，如：诗文或讲演的标题称“题目”；写在书籍字画前后的文字总称“题跋”；书刊上诗文标题前的装饰图案称“题花”。题材、副题、课题、话题、离题、议题、论题、正题、主题、专题、借题等都指总名目。

“题”字由上义引申指“练习或考试时要求解答的问题”，如：解答问题称“解题”；考试的题目称“试题”；教学上供练习用的题目称“习题”。讲题、例题、命题、难题、偏题等都是此意。

“题”字假借指写上、签署，如：题词、题名、题签、题诗、题字。

“题”字也作姓氏用。

巧讽贪官卖考题

汉字中有许多同音字，人们就常利用字的谐音，写出许多谐趣文字，其中不乏传世之作，至今仍为人们津津乐道。

却说明朝万历年间，有一年科举开考，朝廷任命陈士祥为主考官。此人贪婪成性，竟将应严加保密的试题高价出售，并因此一夜暴富。但丑行暴露后，被斩首示众，为世人所耻笑。

当时的文人编了一出戏在京城上演。剧情并不复杂，只有两个演员登台表演。其中一演员装小贩，手抱一只大公鸡在叫卖，另一演员扮过路人上场，问卖大公鸡的小贩："这公鸡多重？"

小贩大声说："五斤！"

过路人又问："几文钱？"

小贩伸出五个手指："五百两！"

过路人惊讶道："吓煞人了，一只公鸡值五百两银子，你不是开玩笑吗？"

小贩说："你知道这是什么鸡？"

过路人说："它是大公鸡，只会喔喔啼，不像老母鸡生蛋能赚钱！"

小贩说："我这大公鸡能赚大钱呢。它重五斤，是本朝主考大人陈士祥家养的五更（jīng）啼。"

过路人问："何为五更啼？"

小贩说："它到五更天就啼，陈大人命名为'五更啼'。他就靠卖'五更啼'赚了大钱啊。"

过路人听罢，作恍然大悟状："哦，我懂啦，主考大人就是靠卖'五更啼'赚大钱的啊。"

这出短剧，巧妙地利用"斤"与"经"及"更"同音；"啼"与"题"同音，指出陈士祥出卖考题的丑行。当时考题都与"四书五经"有关，在这儿，"五更啼"暗指考题。

"五更啼"明指公鸡名，在五更啼叫。"更"字读gēng，在方言中也有读jīng。旧时一夜分成"五更"，每更大约两小时，由打更者报时。半夜为"三更"，天快亮时为"五更"，此时公鸡就叫了，故称"五更啼"。

"五更啼"与"五经题"同音，又有五斤重作陪衬，更显情节合情合理。人们看了后，心领神会，忍俊不禁。

当心蛇要咬人——“惕”

tì

甲骨文

金文

小篆

隶书

楷书

小篆的“惕”字，是个左右结构的形声兼会意字。左边的竖心旁是形符，表示跟心理活动有关。右边的“易”字是声符，读yì。“惕”字的意思指人小心谨慎。

古人为什么用“易”字作“惕”字的声符呢？因为古代的“易”字是个象形字，其形状就像四脚蛇，本义指蜥蜴。这种小动物，如今在山间野地经常出没。这“易”字后来假借作交易、变易用，后来又引申指容易、简易，还用来指改变，如：改弦易辙，移风易俗。古人又另造了个加了“虫”字旁的“蜴”表示“蜥蜴”。

也有人认为，古人之所以用“易”字作“惕”字的声符，是因为“易”有变化、变革的意思。正因为事物易于变化，所以为人处事一定要谨慎小心。正因如此，古人才用“易”字作“惕”字的声符并会意。

“惕”字的本义指谨慎小心，如警惕。

在书面语中，表示警惕、戒惧时，也写作“惕厉”或“惕励”。

唐·李怀琳《绝交书》　　《隶辨》　　明·王铎《拟山园帖》

在现实生活中，人们常常把白领阶层、精英分子、骨干力量统称为“白骨精”，且多指女性。陈丽是上海一家电脑公司的业务主管，典型的“白骨精”,眼下已三十有二了,可仍待字闺中,没有找到如意郎君。

这天，陈丽乘地铁去车站。车上人挤，她没找到座位。她刚站了一会儿,一位英俊潇洒的青年人站了起来,给她让座。陈丽客气地说“不用”。年轻人笑笑：“女士优先，这是规矩。”

年轻人的话很得体，陈丽坐下，两人便谈了起来。一路上，谈得很投机，双方留下电话号码，由此便成为朋友了。

接下来，两人的感情急速升温，由花前月下、谈情说爱，进而到逛商场、看楼盘，讨论结婚大事了。好友们都为陈丽找到恋人而高兴，也有人好言相劝，说不要如此匆忙，先看看再说。而陈丽正在热恋当中，除了对小伙子性情多变，办事儿容易改变主张有点儿不满之外，其余的，真是一百个满意。

陈丽说这小伙子容易改变主张，主要指买房子，他一会儿想在这儿买，一会儿又看中那儿，最终选定了浦东一个楼盘，总共一百二十万,一人出一半。这天，陈丽提了六十万现金交给男友，两人一块儿来到售楼处，可转眼男友不见了，等到天黑也没见他回来……

陈丽真不敢相信，热恋中的情人难道是个骗子？小姐妹们纷纷赶来安慰她。说来说去,也怪她放松了警惕。这些“白骨精”们都有文采，她们对这“警惕”的“惕”字各抒己见。有的说:“你既晓得他容易变心，就要提高警惕嘛。”有的说：“‘警惕’的‘惕’字就是这个意思，它是指你越容易得到他的心，越要警惕。”

头顶上的一片“天”

tiān

甲骨文

金文

小篆

隶书

楷书

甲骨文的“天”字分为两部分。上部的像方形的部分表示人的头部。下面的“大”字是个正面站着的人。这里突出了人的头部，由此可看出“天”字的本义是指头顶，应该说是个象形字。后来字形有些变化,那圆圈被一横代替。这样,“天”字就由“一”和“大”组合，成为会意字了。

“天”字中的“一”，有人解释为是世界上最大的事物，而这个事物就在人的头顶之上，它大得无穷无尽，远得无边无际，高得无影无踪，美得无与伦比，是神仙住的地方。这就是永恒无穷的宇宙，这就是先民们心目中的“天”。

头顶上的一片天，人们把它看得至高无上，对它充满崇拜，也满怀恐惧。因此,“天”的本义是表示天空,日月星辰所在的空间，如：天体、天象。同时也表示自然界，如：天地、天灾人祸。由此又引申为天生的，自来就有的，如：天资、天性。此外还用来表示天气、气候，如：天阴、天热；还表示季节、时令，如：冬天、三伏天。

人们还把架在空中的以及位置在上面的也与天搭配起来，如：天线、天窗、天堂、天使。“天”字也曾被披上神秘外衣,用以吓唬人、愚弄人，如：天子、天神、天国、上天保佑。

中国的谜语，奥妙无穷；猜谜语，乐趣无穷。其实制谜语，也有无穷乐趣，难怪逢年过节，搞喜庆活动时，人们都喜欢猜谜语。

猜谜语的方式、内容很多，比较独特的是字谜。无论是制谜还是猜谜，都得有较高的文化水平。

在一次灯谜会上，制谜高手李先生上台，出了个字谜让大家猜。他一字一句地说出了谜面：

猜字有学问，此字不难认。
看来有两人，面目很难分。
不像是工夫，倒像是工人。

众人听罢，绞尽脑汁，相互商讨，半天没人猜出来。

过了好一会儿，老王上台，对老李说：“我们俩轮流值日，怎么样？”

此话一出，台下人都丈二和尚摸不着头脑。就在众人沉默时，李先生猛地拍了下老王的肩膀说：“好家伙，你不光是猜谜高手，也是制谜高手呀。佩服！佩服！”

众人迷惑不解。李先生大声说：“老王和我出的谜，都是讲的一个字，你们说是什么字？”

台下无人回答。李先生给大家解释这是个“天”字。“天”字，可拆为“二人”，看上去不像是“工夫”二字，因“夫”字出头，所以像“工人”。“工人”连在一起看像个“天”字。老王说我俩轮流值日，这就是一人一“天”，指出了谜底是“天”字。

这下，大家才恍然大悟。

垄埂分割成农“田”

tián

甲骨文

金文

小篆

隶书

楷书

“田”字，是个象形字。在最早的文字里，有一些“田”字的字形是：在一个大方框里，纵横交错，分成九个小方格，就像一大块土地，被一道道垄埂分割开，成了一块块农田。在我国奴隶社会时期，曾实行“井田制”。奴隶主为计算自己封地的大小，便于监督奴隶劳动，把土地划分成许多小方块，因像“井”字形，所以叫做“井田制”。按规定，八家为一井，各占边上的一块私田，中间则为公田。也有人考证，认为中间是一口井，供八户人家灌溉饮用。后来做了简化，成了“田”字。

站在高处朝下看，农田的形状也确实像“田”。

“田”用来种庄稼，从事农业生产，所以“田”字的本义是耕种的土地，如：农田、荒田、试验田。

正因为田里能长农作物，所以“田”字用来代表所有滋生的事物，以及可供开采的富有资源的地带，如：盐田、煤田、油田，还有“心田”。

“田”也是个姓。

隋·智永

唐·颜真卿《忠义堂帖》

唐·怀素

祭田诗

湖南湘西一带，山多田少。民国年间，这一带兵荒马乱，土匪横行，可谓民不聊生。

凤凰县有一位姓田的大地主，被土匪绑了票。家里人花了不少钱，才把田老爷赎回来。老地主年老体衰，加上受了折磨惊吓，回家没两天便死了。儿孙们操办丧事，举行祭奠仪式。村上的一位老秀才，特地写首祭诗送来，挂在大厅里。

这首诗名为“祭田诗”：

昔日田为富家翁，今日田为累字头；
拖下脚来为甲长，伸出头来不自由。
田安心上常思过，田居当中虑不休；
当初只说田为福，谁知田多纍纍愁。

这首诗借田老爷的姓氏，引出与“田”字字形有关联的几个字：第一句说的是“富”字；第二句说的是“累”字；第三句说的是“甲”字;第四句说的是“由”字。第五句说的是“思”字。第六句说的是“虑”字。第七句说的是“福”字。第八句说的是“纍”（“累”的繁体）字。每一句都包含一个带“田”的字。这些字表述了田多引来愁和祸，也表达了悼念之情。其中第六句中的“虑”字,是简化字,繁体字为“慮”，当中有个“田”。

这位老秀才，能写出这种既朗朗上口，又有深刻哲理，还有丰富知识的诗来，真可谓博学多才。

以物作抵押借钱——“贴”

tiē

甲骨文

金文

贴

小篆

貼

隶书

贴

楷书

古代的“贴”字，是个左右结构的形声字兼会意字。左边的“贝”字是形符，表示跟金钱宝贝有关，右边的“占”字是声符，读zhān。这两个字形组合在一起，指“以物品作抵押，向别人借钱”。古时的“贝”字指货币金钱，所以用“贝”字作形符。古人为什么用“占”字作“贴”字的声符呢？因为“占”有“占有”的意思。既以物品作抵押，债权人对债务人的物品就具有占有权，所以“贴”字以“占”字作声符并会意。隶变后的楷书写作“貼”，简化为“贴”。

“贴”字的本义为“拿物品作抵押向人借钱”。也有人认为，“贴”字的本义为“典当”。

“贴”字由本义假借指“粘合、粘附”，读nián。如：剪贴、粘贴、张贴、招贴、贴花、贴金、锅贴。

“贴”字由“粘合”引申指“靠近、紧挨着”，如：贴近、贴身、贴水、贴题、贴边、贴心、体贴、贴己、体贴入微。“贴”字由此又假借指“补助、添补”。如：贴现、贴息、倒贴、津贴、贴本、房贴等都有“补助”的意味。

“贴”字也有顺从、服从的意思，还有妥当、稳当的意思。这两种意思跟“帖”字通用，即伏贴、妥贴，但人们常用“妥帖、服帖”。

“贴”字也作量词用，如：一贴膏药。

贴心的小棉袄

无锡梁溪谜语研究会的市民讲座，越办名气越大了。听讲的人已不限于茶客和谜语爱好者，不少退休老人闻讯而来，已是人满为患了。主讲者也不再局限于专家学者、社会名流，有不少社区的大爷大妈也报名登台亮相了。

这天，由小陶讲“贴”字。他先说了两个字谜：一个是“战败之前”，第二个是“战前动员”。这两个字谜都在“占”字前面的“贝”字上做文章。“战”字前头为“占”，“败”字前头为“贝”。“动员”指动了“员”字剩下“贝”字，跟“占”字合起来为“贴”字。

讲罢字谜，小陶详细讲了“贴”字的字形字义。他说这“贴”字有靠近、贴切之意，说明关系亲密。他又从“贴”字读音上分析，“贴”音通“铁”，“铁”有坚定牢固之意。“铁哥儿们”指密不可分的兄弟关系，属贴心人……

小陶正说着，一位老大妈走上台，不客气地对小陶说：“小伙子，你坐着喝口茶，歇歇气，让大妈说两句。”会长马汉文带头鼓掌。在掌声中，老大妈讲了她心目中的“贴”字——

我是裁缝出身，不知做了多少件衣裳。做衣裳最要紧的是要合身、贴身，穿在身上不大不小，贴在身上才舒服又漂亮。后来我进服装厂当缝纫工，又当过电熨工，负责熨烫衣服。干这行当最要紧的是衣服要烫得熨贴、平整。退休后，我在家闲得慌，就帮厂里贴商标……总之，我这一辈子手不离“贴”字。但我年纪老了，感受最深的，不是剪呀贴的，而是“贴心”的“贴”。刚刚主持人小陶讲，关系紧密的贴心人称“铁哥儿们”，依我看，最贴心的还是冬天穿的小棉袄。天冷了，心口容易进风，穿上一件贴身的小棉袄，就暖和得不得了。难怪有人把女儿比作父母的小棉袄，因为女儿心细、知心、贴心，对父母有孝心、有爱心。我没有女儿，但儿媳妇就像亲生女儿一样。举个例子吧，眼下天冷了，我最怕冷。用空调，我容易感冒；用电热毯，我又过敏。媳妇善解人意，她以孙子要跟奶奶睡为借口，她就跟孙子一起，睡在我脚底下为我焐被窝。什么叫贴心？心贴着心才算贴心。心贴着心就像穿件温暖的小棉袄，浑身舒服。我唠唠叨叨讲这些，没什么大学问，就讲了一个理儿：与人相处，应该像贴心的小棉袄那样温暖舒服。

用帛做的书签——“帖”

tiè

甲骨文

金文

帖

小篆

帖

隶书

帖

楷书

小篆的“帖”字，是个左右结构的形声字兼会意字。左边的“巾”字是形符，表示跟丝织品有关，右边的“占”字作声符，读zhàn。两形合一，指用帛做的书签。在此，我们顺便再说一下“巾”字。

古人为什么用“巾”字作“帖”字的形符？

“巾”字是个象形字。在甲骨文中，像佩巾下垂的样子。有人说“巾”字中间一竖表示系（jì）佩巾的带子，其本义指“佩巾”，又指用来擦洗的巾，或指用来覆盖物品的巾，这就是我们现在所用的小毛巾或大毛巾。后又引申指头巾、领巾。其实我们猛一看，这“巾”字又何尝不像家中挂着的洗脸毛巾？

“帖”字既然指的是书签，而这书签又是用“帛”做的，“帛”又是丝织品的总称，“帛”中的“巾”字也属织物，指用来擦抹东西的长条形的布，所以“帖”字用“巾”字作形符。而且“巾”的形状也有点像书签啊，只是太大了些。

古人为什么用“占”字作“帖”字的声符呢？因为书签夹在书中有站立停留的意思，而“占”也有这两层意思。也有人认为，“占”还指书签占有了书中某处的意思，所以“帖”字用“占”字作声符并会意。

“帖”字是个多音字，它的本义指“用帛做的书签”。由这本义引申指“供人学习临摹的范本”，如：碑帖、画帖、字帖。

当“帖”字读作tiě时，引申指随手写的便条，如：帖子、回帖、请帖、谢帖。还有现在网络上用得很普遍的“发帖、跟帖”。

当“帖”读作tiē时，假借指“平稳、妥当”，如：妥帖、宁帖。

“帖”字还假借指“服从、顺从”，如：服帖、俯首帖耳。

“帖”字也作姓氏用。

高明的测字先生，能察言观色，看出求测者的求测目的、心理状态乃至善恶本性。

却说测字名家谢石，生于两宋相交时期，是四川成都人。成名后，谢石到京城汴梁谋生，租了书生唐家宝的一间门面房，挂牌测字。唐家宝老母病重，谢石上门探望，并借“唐”字，测出“康头居脚”的吉言，说他老母必定“健康康复，安居乐业”，给唐家宝不少安慰。

唐家宝老母康复后，特地来向谢石道谢，并顺便送来一份请帖，说有人为儿子做媒，她想先跟女方父母见个面，等情况摸清了再说，地点约在狮子楼茶馆。她再三邀请谢石以亲友身份同去，帮着拿拿主意。老太太提出，去之前想测个字，看这门亲事能否进行？

谢石问：“测什么字？”

老太太拿出写有“吉帖”二字的请帖说：“我不识字，就请测这两个大字吧！”

谢石早就听说那女子属积善人家。他指着“吉帖”二字说：“老夫人，恭喜啊，这桩婚事能谈啊！这‘吉帖’二字紧紧相连，把‘帖’字中的‘巾’字放到‘吉’字的下面，就很像个喜字，说明此事有喜庆之象啊。”

老太太听了，喜得合不拢嘴，乐颠颠地回家张罗相亲的事儿了。

［瓦当欣赏］

战国画像瓦当

嘴讲耳朵“听”

tīng

甲骨文

金文

小篆

隶书

楷书

简写的“听”字,是个左右结构的形声字。左边“口”,右边“斤”,本义是张口笑的样子。现在这个字义已消失了,真正的作用是表示用耳朵听取声音。它是由繁体字“聽”字同音假借简化而来的。所以我们讲“听”字,必须从甲骨文的“听”字讲起。

甲骨文的“听”字是个会意字。一只大耳朵,上下两个“口”,这些都是象形字。“耳”,是人的听觉器官。“口”,是人的发音器官,两者结合,表示口说话,耳朵听,本义是听到声音。

金文的“听”字结构与甲骨文基本相同,仍然是“耳”与“口”相结合,表示“口”说耳听。

到了小篆,“听”字的结构复杂化了。它由“耳”“悳”“壬”三部分组成。其中的“壬”字表示读音。到了楷书时,这“壬”字写成了斜王旁的“王”字。“悳”,读“得”声。有人考证,这是古代“德”字的字形。“德”有嘉言的意思,“闻之嘉言为德”。也有人认为,“德”与“得”同音。在这儿,借用“得”的意思,与“耳”字组合在一起,表示“耳有所得”,便是耳朵获得了声音。这样,“听”字的本义就是用耳朵听取声音,如:听音乐、听故事、倾听、听而不闻。

“听”又转义为听从、接受的意思,如:听话、听候、听指挥、言听计从。“听”,又有治理、判断的意思,如:听政、听讼。“听”还指一种用镀锡或镀锌的铁皮做的罐子,如:听子、茶叶听、香烟听、饼干听。

“听”有时也作量词用,如:一听茶叶,一听香烟,一听肉罐头。

现在简写的“听”字只有七画，而繁写的“聽”字有二十二画，既难写、又难记，所以把一些字简化也是必要的。但简化得要有道理，有趣味。一些有识之士认为，简写的“听”字，简化得不能令人满意，因为它不能体现“口说耳听”的本义。更何况，“听”主要靠耳朵，离开耳朵怎么听呢？如若按老祖宗所说的本义，“口”说“耳”听，“口”“耳”相结合，不是个很好的“听”字吗？无论怎么说，用“耳字旁”总比用“斤”字好啊。

说起繁写的“听”字，有一段有趣的故事。

几十年前，我国农村进行过几次大规模的扫除文盲的运动，不识字的人纷纷上夜校，学文化。

却说苏北阜宁县杨集乡王庄有位王姑娘，十四岁了，一字不识，但她一心想要学文化。教她识字的是县文化局的李局长。李局长幽默风趣，他把难写难记的字编成儿歌来教她，其中广为流传的是“听”字。

王庄有位王姑娘，
十四岁才上学堂，
一心要听老师讲，
耳朵竖得长又长。

这首儿歌，把“聽”字的每个部件都嵌了进去，朗朗上口，生动有趣，易懂易记，真是妙不可言。

厅堂前的空地——“庭”

tíng

甲骨文

金文

小篆

隶书

楷书

小篆以来的“庭”字，是个左上包围结构的形声字兼会意字。左上方的“广”字是形符，“广”有房屋的意思，表示跟房屋有关。右下方的“廷”字是声符，读tíng。这两个字形组合在一起，指房屋里的厅堂。

古人为什么用“廷”字作“庭”字的声符呢？因为古代的“廷”字指“皇帝处理国家大事的地方”，也有房屋的意思，所以“庭”字以“廷”字作声符并会意。

“庭”字的本义指“厅堂”，如以婚姻血统关系为自然基础的社会生活组织形式称“家庭”。大家庭、大庭广众都是指本义。

“庭”字由本义引申指“正房前的院子”。院子里的台阶称“除”，所以庭院也称“庭除”。院子分前院后院，前院也称“前庭”，这个词也用来指人的前额；有花草树木的院子称“庭园”；比喻相差很远称“径庭”；门口和庭院称“门庭”；安适的庭院称“闲庭”；帝王或天神居住的地方称“天庭”。

“庭”字也作姓氏用。

无锡梁溪谜语研究会的市民讲座范围扩大了，内容也更丰富了，演讲者的身份也更专业了。讲保健的，大都是锡城医学界的专家；讲储蓄理财的，大都是银行退休的老行长……

各路专家登台演讲时，都有个共同特色：以汉字为开头，借汉字的形音义来讲事理，让听者从了解汉字中认识事理，从事理中认识汉字，这样既提高公民意识，又丰富文化知识。

今日讲法律法制知识的是退休庭长老凌。

今日老凌从“家庭”二字开讲，重点讲“庭”字——

我当过民事审判庭庭长，审的大都是家庭纠纷。我跟谜语研究会的朋友在一起，常讨论汉字。今天谈法制知识，我就从“家庭”二字谈起吧。

“家”字前面有人讲过了。宝盖头下不是“人”字，而是“豕”(shǐ)，指猪，这说明人类已从游牧生活过渡到农耕定居生活了。人与猪共居一室，这是人畜兴旺、五谷丰登之意。“家”字加“女”字旁，表示女子嫁过来了，这就有了“家室”。“家”与“佳”同音，意味家庭和睦美满，这是家庭的最佳状态。

“庭”字最早写作“廷”，这是个象形字，像一个人站立在庭中阶梯前的样子，表示“庭院”。“廷”字的本义指“庭院”，后来这个意思被加了义符“广”字的“庭”字所取代，原先的“廷”字引申指“宫廷、朝廷”，这样，“廷”与“庭”就分为两个不同意义的字了。

“庭”字是“广”字头。东西之间的宽度叫“广”，南北之间的长度叫“袤”(mào)，这个范围叫“广袤”。“广”字繁写为“廣”，是指土地面积。土地是黄色，所以“廣”以“黄”字作声符并会意。“廷”指国家的首都，所以叫做“宫廷”。“宫廷”是管理这块广袤土地的政府，也是国家的概念。庭，也就是家庭，国家就是由千千万万个家庭组成的。从这个意义来说，家庭是组成社会和国家的细胞。“廷”是宫廷；有“广”字头的“庭”是“家庭”。家庭是管理几个或几十个家人的组织，它是普天之下的小单位，犹如细胞。宫廷是管理国家的大组织，担负着管理广大民生的任务。要管理得好，就必须家有家规、国有国法。管理家庭和管理国家虽有大小之分，但道理是一样的，这就是“修身、齐家、治国、平天下”。“家庭”规范了家庭成员间的血缘关系，而且将家人与国家、与他人、与整个社会之间，用法律、法规及公民道德紧密联系在一起，这样才能构成一个和谐社会。一个和谐的社会，才能使家庭幸福、国家强盛。

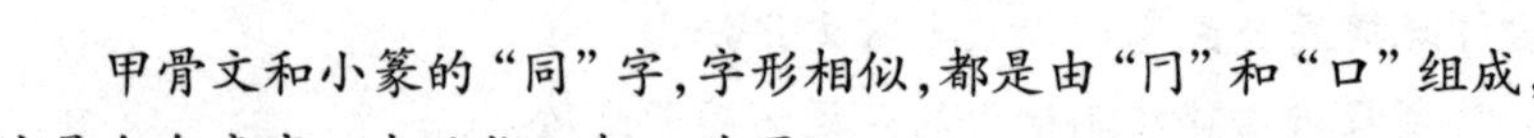

众人齐喊 协“同”动作

tóng

甲骨文

金文

小篆

隶书

楷书

甲骨文和小篆的“同”字，字形相似，都是由“冃”和“口”组成，这是个会意字，本义指一起、共同。

古代确实有个“冃”字，读 mǎo，《说文解字》认为，这个字的意思表示“重复”。用在这儿，跟“口”字相结合，表示大家在一块儿干活时，用口齐声大喊，以协同动作。这种呼喊声是反复重复的，正如“嗨哟、嗨哟”的口号一样，所以用“冃”来表示。

既是协同动作，就有一起、共同的意思，如：同伙、同班、同盟、同舟共济、同归于尽、同甘共苦。

动作协调，就有相同、一样的意思，如：同胞、同辈、同步、同感、同门、同名、同意、同等。

“同”，作为连词时，表示并列，与“和”相同。

“同”，作为方言用时，起介词的作用，表示替人做事，跟“给”相同，如：你这些文物我一直同你保存着。

“同”，读 tòng 时，同音假借，指小街小巷为胡同。

“同”，读 tóng 时也作姓氏用。

[瓦当欣赏]

秦汉瓦当

社会上有这么一种人，他们好吃懒做，又贪图享乐，成天骗吃骗喝。别人的婚丧喜事，乃至大型会议的宴会，他们无不削尖脑袋，挤进去大吃大喝一顿，吃完抹抹嘴巴溜走。这种事，说文雅点，叫“打秋风”或“打抽风”，也称“蹭饭”或“吃白食”，说得不客气，就是骗子。

这种人，古代就有，他们专门撞酒席、蹭酒喝，被称为“撞席者”。

明朝洪武年间，苏州有个穷秀才，名叫罗文。自他穷困潦倒后，变得脸老皮厚，成了个人见人厌的撞席者。

这天，城里姓钟的大户人家娶亲，在松鹤楼大摆宴席，宾客有五百多人，少不了有几个撞席者，其中就有罗文。

罗文坐在客人中间，其中一位长者认识他，随口吟出一首诗讥讽他：

单禾本是禾，添口也成和；
除却禾边口，添斗便成科。
谚曰，宁添一斗，莫添一口。

姓钟的主人过来敬酒，一见罗文，也非常生气，但不便发作，吟道：

单羊本是羊，添水也成洋；
除却水边羊，添易便成汤。
谚曰，宁吃喜欢汤，莫吃皱眉羊。

罗文听了，不动声色，接口道：

单同本是同，添金也是铜；
除却金边同，添重便成鍾。
谚曰，見鍾不打，何处敛铜。

这罗文毕竟是秀才，他吟的这首诗，有理有节，还不软不硬地回击了姓钟的主人。在这里，他所说的“钟”字，繁体字为“锺”，所以才能构成“添重便成锺”。

红"彤"彤的颜色

tóng

甲骨文

金文

小篆

隶书

楷书

古代的"彤"字是个左右结构的会意字。左边的"丹"字读dān，这是个指事字。甲骨文、金文、小篆和隶书的"丹"字，字形基本相同，像井中有一块丹砂，外边的框框是采丹时用的井架，里面的一短横表示丹砂。"丹"字的本义是丹砂,后引申为颜色。"丹砂"也就是我们熟知的"朱砂"，它是一种矿物名称。古代的红色颜料，就是用丹砂制成的。

我们解释了"丹"字，也便明白了"彤"字的含义了。"彤"字的右边三撇"彡"读shān，这个字表示涂抹出来的文彩。"丹"字表示红色，两形合一，指用红颜色来涂抹器物。

"彤"字的本义指用红颜色涂饰器物,后来由这本义引申指"红色"。古代帝王将弓涂成红色，赐给有功的诸侯或大臣，使其掌握管理和征伐之事,这种弓称之为"彤弓"。红色的云霞称为"彤霞"；冬天下雪前的阴云称之为"彤云"。"彤云密布"、"红彤彤"都是这层意思。

"彤"字也是一个姓。

南宋年间，安徽新安县城有个人叫汪龙。这汪龙年轻时勤奋好学，加之天资聪明，读书识字，过目不忘。他十八九岁时已取得秀才资格，正当他信心百倍，准备参加三年一次，在省城举行的乡试时，得了场急病，命虽保住，但双目失明，成了个瞎子。

一个瞎子，还能干什么呢？万般无奈，他不得不以自己一技之长，走街串巷为人算命测字。搀着他走路的是他的侄儿汪小二，汪小二曾跟汪龙读过几年书，但识字不多。每当求测字的人从布袋里摸出一个字或写出一个字时，他便读给汪龙听，不识的字便在他手心里依样写出来，或是将字的偏旁字形说给他听。

这天，有个小伙子急匆匆找上门来，求汪龙测字。这人姓李，他的叔叔李彤，在外经商两年多，一直没有信息，婶婶叫他以名字求测个“彤”字，看凶吉如何。因李彤身体单薄，家人担心他是否生病了。

汪龙得知此人来意和要测的“彤”字，沉思了好一会，说：“你要测的这个人，离这儿很远哪。唉，我说出来你可不要害怕啊，看来他已不在人世……”

姓李的小伙子听了，大吃一惊，忙问其中的缘故。汪龙停了好一会儿，叫小伙子摊开手心，他用手指一笔一画地写了个“彤”字说：“你要测的这‘彤’字，音读‘同’，形状却像‘肜’（róng）。”说着，又写了个“肜”字说：“这‘肜’字音同兵戎相见的戎。古书上说，‘肜’是指人死之后，在祭祀后的第二天重复再祭祀一次。如果你要测的这个人就在家里的话，哪有已经祭祀过了，再跑到我这儿问测的呢？所以我说这人在远处。”

小伙子听了，急着问：“现在情况怎样啊？”

汪龙又重写了个“彤”字说：“杉木从丹，又名红杉。丹者，红也，说明棺木已经涂上了红漆。按时间推算，大约在二十天之内，他的生意伙伴，将用船把他的遗体送回来。”

汪龙见来人沉默不语，便接着又说：“你没看到吗？‘彤’字左边上的‘丹’有‘舟’字形。右边的三撇像鼓起的风‘帆’，当然啰，你把它看作一阵阵风也未尝不可。”

一番话，说得求测的小伙子伤心地哭起来。

丝的头绪——“统”

tǒng

甲骨文

金文

小篆

隶书

统

楷书

古代的“统”字，是个左右结构的形声字兼会意字。左边的绞丝旁是形符，表示跟丝有关，右边的“充”字作声符，读chōng。这两个字形组合在一起，指“丝的头绪”。

绞丝旁指一小束丝，所以“统”用绞丝旁作形符。

古人为什么用“充”字作“统”字的声符呢？因为“充”有“充实”和“满满实实”的意思，而丝的头绪绞合在一起，比单丝满实，所以“统”字用“充”字作声符并会意。

“统”字的字形由小篆演变而来，左边的绞丝旁简化后写作“统”。

“统”字的本义为“丝的头绪”。

“丝”从何而来？有句话叫“剥茧抽丝”。丝是从蚕茧上抽下来的，要将丝从茧上抽下来，非得将茧放在热水中煮过以后，用人工先抽取丝头，然后一根丝就陆续抽出来了。因此“统”字由本义引申指“总管、首领”，如：统率、统帅、总统、统辖、统治、统制。

一根丝，抽取了丝头，下面就源源不断，直到抽完为止，这就有一脉相承的意思，如：系统、传统、道统、血统、学统、正统、不成体统。

“统”字由“总管、统帅”又引申指“总括、总起来、全部”的意思，如：统舱、统称、统筹、统共、统购、统计、统括、统一、统战、笼统、通统、统统、统筹兼顾。

“统”字也作姓氏用。

历代统治阶层，特别是皇帝本人，对自己登基时所用的年号，是非常重视的。身边的文武百官都要为此献计献策，社会名流学者也参与其事，为新皇上拟定一个吉利的年号，以保长治久安，稳坐江山。

清朝到了末年，已是风雨飘摇，维持不了多久了。自维新运动失败后，光绪皇帝遭到慈禧太后囚禁，大批革命志士被杀，有的逃亡海外。在这内外交困，国难当头之时，光绪皇帝已走到了人生尽头，他死时才三十九岁。第二天，老佛爷慈禧太后也一命呜呼。这里有错综复杂的宫廷秘史，自有史家去梳理。我们单说被皇室匆匆推上皇帝宝座的三岁孩子溥仪跟“宣统”年号的一点关联。

溥仪是光绪皇帝弟弟的儿子，他成了清王朝第十代皇帝。次年的公元1909年，他登基后改元为“宣统”。在拟定“宣统”年号时，宫廷内外，演出了不少闹剧，引发了不少笑话。

据说有人提议以“大德”为年号，遭到众人反对。因为“德”字左边为双人旁，虽其父载沣是摄政王，有扶持小皇帝之义，但右边可分拆为“十、四、心”三个字。统治天下要万众一心，十四条心怎么可以呢？此议被否定。

有人提议用“天正”为年号。“天”字可拆为“二人”，表示小皇帝父子，但“正”字拆开是“一”和“止”，“一而止”，预示命短寿浅，何望江山万代？此议也被否决。

争来争去，最后拟定以“宣统”为年号。

宣统三年，即公元1911年4月27日，由孙中山和黄兴领导的广州起义爆发。接着革命浪潮风起云涌，1912年1月1日，孙中山在南京宣誓就任中华民国临时政府大总统，从此，延续了两千多年的封建帝制被推翻了。六岁的宣统皇帝退位了，他在位三年，是清代的末代皇帝。

有些迷信字谶、讲究运道的人谈起“宣统”年号时，都说这“统”字极不吉利。何以见得？因“统”字右边的“充”字与“色”字相似，如此一来，这“统”字就跟“绝”字联系上了。“统”字与“绝”字混淆不清，大清江山还有希望吗？难怪三年不到就灭亡了啊。

当时说这种话的人，也许是一本正经，振振有词。如今看来，只能算是笑话段子，戏说汉字罢了。

疾病受伤引起疼“痛”

tòng

甲骨文

金文

小篆

隶书

楷书

古代的“痛”字，是个左上包围结构的形声字兼会意字。左上方的病字旁是形符,表示跟疾病有关。右下方的“甬”字是声符，读 yǒng。这两个字形组合在一起，指人在受伤或生病时引起的疼痛的感觉。

疼痛是由伤病引起的，所以“痛”字以病字旁作形符。

古人为什么用“甬”字作“痛”字的声符呢？因为“甬”字是“通”字简省的写法。“通”字有普通、通常和相通的意思，而人的痛感都是相通的，所以“痛”字以“甬”字作声符并会意。

“痛”字的本义指“疼的感觉”。如:深切地感觉到疼的感觉称“痛感”；疼痛的地方或心中隐痛称“痛处”；因生病引起的痛苦或所患的疾病也称“病痛”；疾病创伤等引起的难受的感觉称“疼痛”；内心深处不愿向人诉说的痛苦或隐隐约约的疼痛称“隐痛”。阵痛、头痛、牙痛、压痛、镇痛、止痛、肿痛、切肤之痛等都是疼的意思。

“痛”字由本义引申指“苦恼、悲伤”。如:悲痛、苦楚称“痛楚”；沉痛地惋惜称“痛惜”;悲伤、悲痛称“哀痛”;悲惨、痛苦称“惨痛”。沉痛、苦痛、痛心、痛心疾首、不痛不痒、亲痛仇快等都用的是“苦恼、悲伤”的意思。

“痛”字假借指“极其、狠狠地、彻底地、尽情地”。如：狠狠地斥责为“痛斥”；狠狠地打击称“痛击”；极端憎恨称“痛恨”；深切地后悔称“痛悔”。痛打、痛哭、痛骂、痛切、痛恶、痛责、痛改前非、深恶痛绝、迎头痛击等都有“极其”的意思。

南京夫子庙大石坝街上，有家茶叶店，老板徐文才是个交友广众的人，平日应酬多，饭局多，如今体态变胖，各种毛病接踵而至了。徐老板近日脚患痛风，走起路来钻心地疼。吃罢晚饭，他强忍着疼痛，到测字大师胡铁嘴家跟他聊聊，看吃什么药好。胡铁嘴不仅测字在行，中医也蛮精通哩。

徐文才跟胡铁嘴交情极深，到他家刚坐下，就摸着脚，说脚趾痛得只差喊救命了。

胡铁嘴指指饭桌上的稀饭萝卜干说："我是吃素的命，荤腥偶尔尝尝,我就不晓得什么叫脚痛。你这痛风的毛病,是血脉不畅引起的。手指、脚趾、膝关节、肘关节疼痛肿胀，如不治好，还要变形哪！"

徐文才苦巴巴地问："有什么办法呀？"

胡铁嘴斩钉截铁地说："打通血脉。血脉通，则不痛；血脉堵，则不通,不通则痛。'痛'与'通'同音,老祖宗是说着玩儿的吗？"说罢，他把徐文才当成了求测字的，提笔写了"痛"字说："你看这'痛'字，外面是病字头,里面是'甬'字。这'甬'字是兵俑的'俑'字简省写法。'病'字里面是'丙'字，病从'丙'，义为人生病是因体内水火不调，成灾生病。'俑'字呢？是拿一个兵俑来作比喻，一个年轻力壮的兵俑都躺在病床上了，可见病得不轻，疼痛得很厉害，这就是'痛'字。"

徐文才皱着眉头道："你说的这兵俑，跟'痛'字关系不大啊。"

胡铁嘴惊叫道："怎能说关系不大呢？我不是说了吗，'痛'音同'通',通则不痛。一个人若气血活络,犹如兵俑过甬道,过得去为'通'，通就是通畅，通畅就畅快了，畅快了还有什么可痛的？所以'痛'是因为不通，通了就不痛。你饮食上清淡些，鱼肉少吃些，血液干净些，不要粘乎乎的，血脉畅通了，你脚趾就不痛了……"

徐文才听罢，笑道："我是来问病的，你倒给我测字了。"

胡铁嘴蛮有理地说："我习惯了，以字说事，以字说话，否则，我无话可说。"

暗中拿走别人财物为“偷”

tōu

甲骨文

金文

小篆

隶书

楷书

小篆的“偷”字，是个左右结构的形声字，左边的“女”字作形符。右边的“俞”(yú)为声符。汉代以后，字形变为“偷”。“人”为形符,表示与人有关,“俞”为声符。这是个形声兼会意字。

“俞”字在金文和小篆中是个会意字，表示用尖物——刀之类的工具将一块整的木头挖成小船，也就是舟。旁边的单人旁表示人坐在这小船里，风平浪静，很平安。本义指苟且，有得过且过、苟且偷安的意思，如：偷安、偷懒、偷生。

也有人认为,这“俞”字既表示读音,又表示“挖木而成的舟”,这“舟”有“相济”的意思。小偷窃取他人的财物以济己,故“偷”从“俞”声并会意。从这个意义讲，“偷”的本义指暗中拿走别人的东西据为己有，如：偷盗、偷窃、小偷、惯偷。

以上两种说法，都与今日“偷”字的字意相符，我们常常用到这些词。

“偷”，由本义引申，指瞒着人做，如:偷渡、偷换、偷看、偷情、偷税、偷袭、偷运、偷工减料、偷梁换柱、偷天换日。

“偷”，由本义假借指“抽出(时间)”，如：偷空、偷闲。

河南有个繁华小镇，近日发生了一件盗窃大案。设在镇上的省电器公司仓库被盗，二十台手提电脑不翼而飞。案情重大，县刑警队张队长立即带领刑侦人员赶往现场。

电器公司仓库围墙高，且有电网，盗贼无法翻墙进去。后来发现墙角冬青树丛中有个洞，这洞连着一条地道，通往墙外一座民房。这民房里堆着手提电脑，两个盗贼尚未来得及逃跑，被当场抓获。张队长立即对他们审讯，记录员小陶飞快地记下每一句对话。

这两个人来自广西，在电器公司仓库当搬运工。他们两人都有过前科，一个精于开锁，一个善于谋划。他们想大捞一笔，就在与仓库一墙之隔的一户人家租了个房间，然后买来铲刀、指南针、对讲机、电筒等作案工具，每天晚上挖洞不止。他们白天外出，把挖出来的泥土，装在口袋里、提包里撒出去。挖洞时，一个卧着身子，用刀铲拼命地挖，一个站在外面，盯着目标，对着指南针，跟同伙小声联系核对方向。他俩历时一个月，终于把洞打通了……

押走两名犯罪嫌疑人，读罢审讯记录，张队长不由哈哈大笑："真是无巧不成书。这件案子，不是活脱脱的一个'偷'字么？"

小陶不信，只听张队长解释道："你看，他们两个人，一个卧，一个站，这就是'偷'字旁边的单人旁，和那上面扁扁的'人'字。这'人'下面，有个立刀旁，还有'一'和'月'字，不正是两人一站一卧，用刀干了一个月么？这就是'偷'字呀！"

小陶听了，大为惊讶，说："可不是，编个字谜倒很有趣呢！"

张队长说："我已编好了，听着，'一人卧着一人站，背后藏刀把人瞒，整整干了一个月，坏事就怕人看见'。"

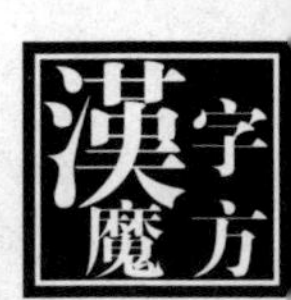

用手"投"掷兵器

tóu

甲骨文

金文

小篆

隶书

投

楷书

甲骨文的"投"字写作"殳"，读shū。这是个会意字，字形像手持一把圆头兵器有所捶击的样子，表示"投掷"的意思。金文的字形与甲骨文大致相同。小篆使其整齐化，隶变后楷书写作"殳"。

"殳"字的本义为"投掷",这就是最早的"投"字。后来"殳"字作了偏旁，投掷的意思便另加义符提手旁"扌"，写作"投"来表示。这个"投"字便成了个左右结构的形声字兼会意字，读tóu。左边的提手旁是形符，表示跟手的动作有关，右边的"殳"字是声符，这两个字形组合在一起，指"手掷兵器"。

因为"殳"字本身就有投掷的意思，所以"投"字用"殳"字作声符并会意。

"投"字的本义指"抛、掷",如:空投炸弹或手投炸弹为"投弹"；投掷标枪称"投枪"。投篮、投手、空投、投向等都是投掷的意思。

"投"字由本义假借指"走向、找上去",如:投标、投奔、投放、投考、投身、投宿、投胎。

"投"字由"找上去"引申指"放进去、跳入",如:投河、投井、投入、投资。由本义又引申指"投射"，如：投影仪。

"投"字又引申指"相合、迎合",如:投合、投机、投缘、相投、投其所好、臭味相投。

"投"字还假借指"递送、寄"，如：投递员、投稿、投送。

无锡东门中学的杨老师，今天讲解完关键字“投”字，要求同学们寻找以“投”字组词的成语，讲自己对这个成语的理解与感受。

牛皮糖第一个上台，他讲的是“走投无路”——

我很喜欢中国成语。成语很伟大，但有的成语我还不理解。昨天晚上，我跟爸爸开车回家。市中心太堵，我爸爸就换了一条路，哪晓得，他摸不准方向，开进了一条死胡同。后面有车子跟进来，前面又没路,这下我们走投无路啦。按成语词典上说,“投”字在这儿指“投奔”，可我们是回家，用不着投奔谁呀。你们能给我一个合理解释吗?

金一鸣走上讲台说：“这个解释很简单，你回家也是投奔呀，你投进妈妈怀抱嘛。我今天讲‘投其所好’”——

我上小学时，家在南长街一个大院子里。我家在二楼，楼下黄伯伯喜欢钓鱼。他把钓到的鱼放在一只大水缸里，这水缸正巧在我家阳台下。趁中午休息时，我用大头针做了个鱼钩装上饭粒，用长线放到鱼缸里，想钓黄伯伯家的鱼，但钓了几次没钓到。有一天，我终于钓到了一条，拎上来一看，是条小金鱼。我正高兴，被我爸爸发现了，他揪着我耳朵，要我向黄伯伯道歉。这时黄伯伯在楼下大声说：“孩子喜欢，我是投其所好呀！”你听，这个“投其所好”，多么美好！可成语词典解释说，这“投”字表示迎合别人，含有贬义。照这么说，黄伯伯做错啰，他错在哪儿?

刘坤培走上讲台，不客气地批评金一鸣：“你是小偷，偷人家鱼，再投你所好，不是害你吗? 我今天讲‘投鼠忌器’。我有个表哥，小时候跟金一鸣一样，调皮捣蛋，歪点子多，小学里就有小偷小摸现象。家里人知道了，都不敢说，怕得罪外婆，又怕外公听了会发心脏病。我那表哥越变胆越大，后来加入盗窃团伙被判刑。我爸妈说，当初就是因为投鼠忌器，才害了表哥，可见投鼠忌器不是个好办法……”

金一鸣马上回击：“谁也没说这是好办法啊！”

由此,同学们纷纷加入了争论。杨老师呢,笑眯眯地听着,一声不吭。

人的脑袋——"头"

tóu

甲骨文

金文

小篆

隶书

头

楷书

古代的"頭"字，是个左右结构的形声字兼会意字。右边的"页"字是形符，表示跟人的脑袋有关，左边的"豆"字是声符，读 dòu。这两个字形组合在一起，指人的脑袋。

古人为什么用"豆"字作"頭"字的声符呢？因为"豆"字为古代的祭器，上部的形状跟人的头相似，所以"頭"字以豆字为声符并会意。

有人认为，甲骨文的"头"字写作"頁"，这是个象形字，像一个突出了头部的人形。上为头和头发，下为人身。金文线条化，篆文整齐化。

隶变后楷书写作"頁",后简化为"页"。这"页"字本义为头，是最早的"头"字，读 xié。"头"字与"首"字是同一个字。"首"字也就是"头"的意思。"杀头之罪""斩首示众"都作"头"字讲。后来这"页"字作量词用,表示一页书,"头"的意思便另加声符"豆"字，写作"頭"，后简化为"头"。

"头"字的本义指"脑袋",如:头发、头昏、头颈、头脑、头像、低头、点头、额头、光头、叩头、人头、梳头、剃头、摇头等。

"头"字由本义假借指"事物的起点或尖顶"，如笔头、船头、床头、箭头、矛头。又引申指"在前面的、开初的",如:头等、头条、头号。

"头"字又假借指"首领",如:头目、头头、头子、头人、工头、头领。

"头"字还假借指物品的残余部分，如：布头、零头。

"头"字也作量词用,多用于牛、驴、骡、羊、蒜等,如:一头蒜、一头羊、两头牛、三头驴。

"头"字也作姓氏用。

这天，梁溪谜语研究会的同仁聚会，小陶将收集到的几个字谜拿出来点评，准备选一些推荐给晚报文娱版。

“实是犯了断首罪”，谜底是“头”字。大家觉得虽有创意，但语言粗暴，意境欠佳。

“买卖实在”，这里都有“头”字。“实在”指什么？话没说完，改成“买卖实在都有”恐怕更好些。

“一人进两球”“大有重点”“重点放在大西北”，这几个谜面都在“头”字左上角的两点上做文章。

“大点点”“一点一点大起来”“只有点点大，第一总是他”，这几个谜面，也是把重点放在“头”字左上角两点上。会长马汉文听了，不由感叹起来，说这几个谜面不仅形似，字义也到位。“第一总是他”，突出了“头”字“头领、头头”的内涵。

小陶说：“那你再讲段你当头头的经历吧，让我们也领会一下‘头’字的真谛啊。”

老马也不推辞，讲起了童年的一段往事。

马汉文的童年是在苏北阜宁县杨集乡度过的。村里有六七个跟他同年的小伙伴，他成了他们的小头头。这些孩子都没上学，一早起来就去拾粪。马汉文已上小学了，每天上学路上，他就帮小伙伴们找狗屎牛粪，如果找到一堆，就如获至宝，去告诉小伙伴。每天放学后，他迫不及待地把小伙伴召集到小树林里，讲老师教过的字，讲自己从书上看到的故事。

杨集有座大木桥，桥东是杨集镇，镇上的孩子欺负村里的孩子。马汉文就领着小伙伴，经过一场混战，他虽然手被抓破，属“光荣负伤”，但还是把镇上的孩子打败了，从此他们上街就不用担惊受怕了。

当头头，不光打架要身先士卒，冲锋在前，有了好吃的，也要想到部下。马汉文父亲从苏南带回的糖果糕点，他都是大把大把地装进口袋里，然后带给小伙伴们，每人一份，从不漏掉一个人。

当马汉文家准备迁往江南时，他把自己所有的书和玩具及钢笔、小本儿，都分成几份，留给了依依不舍的小伙伴们。

马汉文曾问过自己：我为什么会这样做呢？答案只有一个：我是他们的小头头。

一个“头”字，怎生了得。这里包含了多少重任和情谊，包含了多少人生哲理和社会现实啊。

没有头发的“秃”子

tū

甲骨文

金文

小篆

隶书

楷书

小篆的“秃”字是“秀”字的异体字。这两个字的外形相似，上面是“禾”字，表示谷物的禾穗。下面的字形像个“人”字，表示禾穗下垂，在风中左右摇摆。这是个象形字，到了隶书中变为“秃”字。

据说古人对“秃”字有个有趣的解释。说的是远古时代创造汉字的仓颉出门时，看到一个没有头发的秃子埋伏在禾穗中，所以就造了个“秃”字。这只能算是传说，不可当真。

“秃”字的本义有两种说法。

一种说法是指谷物抽穗扬花。这与“秀”字的本义相同，所以把“秃”字看作是“秀”字的异体字。

另一种说法认为，“秃”字的本义是头上没有头发。没有头发的人称为秃子，如：秃头、斑秃。

由头上无毛，引申为其他许多意思。山上没有草木，称为荒山秃岭；鸟兽的头、尾无毛，称为秃鹫、秃尾巴。树木没有树枝或顶梢称为秃树。物体磨去尖端，因为不尖锐而称为秃笔或针尖秃了。写文章首尾不全称为秃头文章。

香头插在几案上

元代有位剧作家，名叫王实甫。他根据唐代的传奇小说《莺莺传》，创作了杂剧《西厢记》。说的是相国小姐崔莺莺，跟母亲和丫环红娘，住在普济寺。这天，莺莺巧遇到此访友的书生张生，两人一见倾心，相互爱慕，但遭到莺莺母亲的极力反对。后来在丫环红娘的帮助下，张生和崔莺莺共同努力，战胜了重重阻挠，有情人终成眷属。

有人根据这个剧的剧情，用诗歌的形式，制作了一个十分有趣的字谜，谜面是这样的：

莺莺小姐去上香，香头插在几案上。
远看好似张秀才，近看却是一和尚。

按照字面分析，第一句是讲故事的开头。在这里，重点突出了“去上香”的“香”字，因为这“香”字中含有“禾”字。

第二句“香头插在几案上”。“香头”指的是“香”字的头，这就是“禾”字。“插在几案上”，指的是“几”字。“禾”和“几”两者结合，就是个“秃”字。

第三句“远看好似张秀才”，与剧中张秀才相联系，又突出了“秀”字与“秃”字形状相似，还点出了“秃”字曾是“秀”字的异体字这层关系。

最后一句“近看却是一和尚”，更是诙谐风趣，直接点明了谜底是“秃”字。因为这故事发生在普济寺，寺里住的都是光头和尚。

这个字谜，情节丰富，读了令人捧腹，不失为一副佳谜。

[瓦当欣赏]

秦汉瓦当

狗从洞里"突"然钻出来

tū

甲骨文

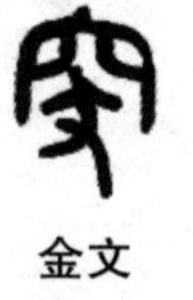
金文

小篆

隶书

楷书

甲骨文和小篆中的"突"字是一个会意字，它由两部分组成。上面的"穴"字表示洞，下面的"犬"字表示一条狗从洞里突然蹿出来，这就叫做"突"。所以"突"的本义是急速往外冲。

在现代汉语里,"突"也有急匆匆的意思,如:突破、突击、突围。由于奔跑时的速度极快，所以"突"也可引申为极短时间内发生的事或出现的人，有"突然"的意思，如：突飞猛进、突如其来、突变等。

"突"，有鼓起，高于四周的意思，如：突起、突出、突兀。

"突"还可以表示古代灶旁突起的出烟火口，相当于现在的烟囱，如：灶突、曲突徙薪。

唐·颜真卿

宋·米芾《三希堂法帖》

《草书韵会》

猜字谜的悲剧

古人造字，用心良苦，特别是会意字，简直就是一段小故事。几千年前先民创造的这个“突”字，没料想给后世的王校长带来了悲剧。

“十年动乱”期间，江苏阜宁县公兴小学的王校长，在田头劳动休息时，见一条狗从土墙洞里钻出来，便笑着问：“大家伙看哪，狗从洞里钻出来，是个什么字呀？”

众人猜不出，王校长说：“是个突字。”大家哈哈一笑，没放心上。可有个二流子听了，就向上头汇报，说王校长恶毒攻击“突出政治”，攻击“文化大革命”。为此，王校长被打成“现行反革命”。

有四疆的国家版“图”

tú

甲骨文

金文

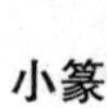

小篆

隶书

楷书

金文和小篆的“图”字，字形相似。这是个形声兼会意字，以“囗”作形符，“啚”作声符。“囗”像国家领土的四疆，当中的“啚”是“鄙”的本字，读 bǐ，表示粗俗低下。在书面语中，它表示边远的地方，如“边鄙”。

“啚”字外加个框，意为有都城、有四疆的版图，本义为版图、地图。

地图是地理图形，所以“图”也泛指描绘或印出来的形象，如：图片、图纸、设计图、图画、图表、图书。

图画是画出来的，这就要有个思考、构思的过程，所以“图”字又引申为打算、谋划、计划的意思，如：图谋、力图、宏图、意图、企图。

“图”也作姓氏用。

汉《礼器碑》

唐·颜真卿

唐·怀素

元·赵子昂

繁写的“图”字，大口套小口，里里外外，共有四个“口”字。有人以这个字形，写出了一副出色的对联。在《评释巧对》这本书里，记载着这么一个故事。

明朝建文年间，石首城有个名叫杨溥的进士，官至武英殿大学士，年幼时便聪明绝顶。那年，当地官员要征他父亲到远处挖河。杨溥说父亲有病，请求免除这一官差。县令赵文广亲自处理此事。他把杨溥召到衙门，对他说:“大家说你聪明博学，我出个上联，你若答得出下联，我便免你父亲服役。”

杨溥施礼：“请大人出上联。”

赵县令说道：“你力图想让我免你父亲劳役，那我就以图字为题吧，听着，四口同图，外口包藏内口。”

杨溥扬起头，想了想，轻声答道：“五人成伞，大人遮盖小人。”

赵县令听了，大加赞赏，非但免除了他父亲的劳役，还赞助了他钱粮和三年读书费用。

这副对联,上联拆“圖”(“图”字的繁体字),外面一个大“口”字，里面包着三个小“口”字，下联拆“傘”字（“伞”的繁体字），上部一个大“人”，大人之下盖着四个小人，对仗极为工整。最出色的是“五人成伞，大人遮盖小人”一句，既赞颂了赵文广体察民情、关心百姓疾苦的官德，又十分动情地表达了自己的感激之情，既无阿谀之嫌，又表达自己的感恩之心，还显露了自己出色的才华。短短十个字，声情并茂，恰到好处，杨溥真不愧是个才子。